군 생활을 당신 인생의 **기회로 바꾸어** 줄 책

전역하고도
후회하지
않으려면

전역하고도 후회하지 않으려면

발행일   2022년 8월 25일

지은이   김검록
펴낸이   손형국
펴낸곳   (주)북랩
편집인   선일영   편집   정두철, 배진용, 김현아, 박준, 장하영
디자인   이현수, 김민하, 김영주, 안유경, 신혜림   제작   박기성, 황동현, 구성우, 권태련
마케팅   김회란, 박진관
출판등록 2004. 12. 1(제2012-000051호)
주소   서울특별시 금천구 가산디지털 1로 168, 우림라이온스밸리 B동 B113~114호, C동 B101호
홈페이지 www.book.co.kr
전화번호 (02)2026-5777   팩스   (02)2026-5747

ISBN   979-11-6836-464-6 03190 (종이책)   979-11-6836-465-3 05190 (전자책)

군 생활을 당신 인생의 **기회로 바꾸어** 줄 책

전역하고도
후회하지
않으려면

김검록 지음

입대를 앞둔 **당신과**
한창 군 생활 중인 **당신**
그리고 전역을 앞둔 **당신을 위한**

대한민국 사병 군 생활 가이드북

기다렸던 첫 휴가에서 느낀 점

장기 휴가 미실시자

나는 부대에서 유명한 '장기 휴가 미실시자'였다.

얼마나 휴가를 못 나가고 있었는지를 설명하자면 다음과 같다. 일반적인 경우, 군대에 입대하고 첫 휴가는 100일 전후로 나가는 것이 관례다. 그런데 나는 육군 총 복무 일수 546일(2022년 기준)의 절반이 넘는 319일이라는 시간 동안, 남들이 세 번째 휴가까지 다녀올 때, 첫 휴가도 못 나가고 있었다.

물론 부대의 일정이 바빠졌기 때문이기도 했지만, 미복귀 휴가라는 것도 존재하던 때라 내 의지가 강했던 것이다. 나는 첫 휴가로 15일이라는 긴 시간 동안 나가 있게 되었다.

하지만 꿈에 그리던 휴가는 생각보다 별것 없었다. 집에 가만히 앉아만 있어도 행복할 줄 알았는데 그게 아니었다. 다시 입대 전의, 무언가 시작하지도 끝맺지도 못하는 애매한 시간으로 돌아갔다. 행복을 기대하고 있었는데 예상과는 전혀 달랐다. 그러자 내 뇌는 기대했던 만큼의 행복을 원했다. 결국 나는 15일 중 가족이나 친구들과 함께 보낸 시간을 제외한 대부분의 시간을, 현실에서 도망치고자 컴퓨터 게임과 스마트폰 속 가상 세계에서 써 버렸다.

그런 시간이 계속될수록 나는 군대를 원망하기 시작했다. 내가 이렇게 허탈감을 느끼는 것은 다 군대 때문이라고, 빨리 전역이나 했으면 좋겠다고 생각했다. 그러던 중 휴가의 막바지에 이르렀을 때, 입대하기 전 친했던 형들을 만났다. 그리고 그때 형들이 해 준 군대에 대한 이야기가 내 뇌리에 강하게 박혔다. "18개월을 어디에 버리고 온 것 같아.", "진짜 절대 돌아가기 싫어.", "아까운 시간만 날렸지.", "어떻게 버텼나 싶다." 아직 전역을 꽤 많이 남겨 두었던 나의 원망은 곧 두려움으로 바뀌었다. 나도 형들처럼 시간 낭비만 하다가 전역하게 되는 것은 아닐까 고민이 깊어졌다.

그렇게 첫 휴가를 망치고 얻은 것이 있다면, '전역을 향해 나아가는 것은 천국으로의 카운트다운이 아니라는 깨달음'이었다. 다시 사회로 나가기 위해 준비를 해야 할 시간이었다. 두려움을 잊고자 나는 바쁨이라는 핑계로 도망쳤다. 무작정 더 열심히 운동을 하고 책을 읽고 공부를 하기 시작했다. 나의 달라진 모습이 너무나 달콤했다.

하지만 그런 생활을 한 지도 며칠이 지나자 의문이 들기 시작했다. 그때 느꼈던 감정을 지금 생각해 보면 '내가 무엇을 위해 이렇게 노력하는가?'였던 것 같다. 첫 번째 허탈함은 눈앞에 보이는 바쁨으로 도피하면서 쉽게 극복할 수 있었지만, 두 번째 허탈함은 도저히 극복하기가 힘들었다. 그냥 내 침대에 앉아서 관물대에 머리를 기대고 한숨이나 쉬면서 보냈다. 정말이다. 어떻게 하면 남은 군 생활 동안 열정을 가지고, 불안해하지 않으면서 의미 있는 시간들을 보낼 수 있을까? 어떻게 하면 후회하지 않고 전역할 수 있을까? 정녕 군대에서의 18개월은 버리는 시간인 것인가?

그 의문을 해결하기 위해 평범한 내가 할 수 있는 것은 아무것도 없었기에, 무작정 간부님들과 주위 장병들을 인터뷰하기 시작했다. 그렇게 해서 찾아낸 결과를 나와 같은 고민에 빠진 다른 장병들, 곧 입대를 할 예비 장병들과 나누고 싶었다.

비전문가이기 때문에

온라인 서점에 '군대'나 '군인'을 검색해 보면 정말 많은 책들이 있다. 하지만 대부분 군대의 역사나 비전 같은 거시적인 내용을 다루고 있는 것이나 자서전 형식을 띠고 있는 것들뿐이다. 『병무통계연보』와 국방부 조사에 따른 2020년 현역병 입영 현황과 군 간부 지원 현황을 보면 병사가 23만 6,146명, 간부가 8만 261명, 그중 선발된 간부는 1만 8,290명으로 약 11배 넘게 차이가 난다. 2019년도에 입영을 한 장병들까지 고려한다면 이 차이는 더 벌어질 것이다. 그런데 올바른 군 생활을 위해 장병들을 대상으로 만들어진 책은 극소수이며, 그 책들조차 출판된 지 오래되었거나 실제 군인이 작성한 내용이 아니다. 참으로 안타깝다. "20대의 1년은 30대의 10년과 같다."라는 말이 있다. 1년에 20만 명이 넘는 20대 청년이 약 2년을 군대에서 보내는 것은 30대로 치자면 마치 20년을 군대에서 보내는 것과 같다. 그런데도 도움이 될 책 한 권 없는 것이 현실이다.

누군가 군대에 간다고 하면 놀림을 받거나 술이나 한 번 더 먹으라는 얘기를 듣는 것이 다반사다. 그래서 많은 청년들이 생각 없이 알코올에 취한 상태로 병영 생활을 시작하는 것이 현실이다. 나도 군대에 오래 있었던 것은 아니다. 고작 18개월 동안 복무했다. 그렇기 때문에 누군가는 이 책이 믿을 만한지에 대해 반문할지 모르겠다. 하지만 오히려 그 비전문성만이 가질 수 있는 통찰력으로, 앞으로 간부가 아닌 '장병'으로 입대하게 될 청년들에게 정말 도움이 되는 정보들을 알려 줄 것이다.

I
군 입대를 위한
넓고 얕은 지식

이 이야기를 하는 이유

▼
▲

'군대軍隊'는 '군사 군軍'과 '무리 대隊'로 이루어진 단어다. 그런데 '무리 대'는 '떨어질 추隊'로도 쓰인다. 험준한 언덕阝을 혼자 가면 쉽게 떨어지지만, 무리를 이루어 다 같이 협동해서 나아가면 떨어지지 않는다. 이처럼 군대란 같은 목적 아래 다 함께 힘을 모아 국방이라는 과제를 헤쳐 나가는 조직을 의미한다.

전역한 뒤에도 후회하지 않을 군 생활의 방법들을 본격적으로 소개하기에 앞서 '군대'에 대해 거시적으로 소개를 하는 이유는 크게 두 가지다.

첫째로 잘못된 군대에 대한 인식을 바꾸기 위해서다. 독자들은 군대에 대해 갖고 있는 어떤 이미지가 있을 것이다. 가족, 사촌, 이미 전역을 한 친구들 혹은 미디어의 영향으로 만들어진 군대에 대한 이미지 말이다. 그리고 그 대부분은 부정적인 것일 가능성이 높다. '폐쇄적인 장소', '상명하복의 문화', '아무나 가는 곳'. 유독 한국에는 군대에 대한 부정적인 인식이 많다. 마치 멀쩡한 사람도 이상해져서 돌아오는 곳인 것처럼 말한다. 혹시 아직 입대를 하지 않은 장병들이 '군대'에 대한 정보를 듣게 되는 경로가 어떻게 되는지 아는가? 첫 번째는 친구이며, 두 번째는 아버지와 삼촌, 혹은 그 연배의 어른들이다. 만약 주위에 아직 군대를 간 친구가 없다면 예비 장병은 삼촌과 아버지에게서 군대에 대한 정보를 얻는 것이다. 삼촌이나 아버지처럼 옛날 군대를 경험했던 분들의 얘기를 들으면 군대를 보는 시선이 왜곡된다. 그래서 아직 입대를 하지 않은 장병이 제대로 된 군에 대한 정보를 알기란 어려운 일이다. 이 책에서 그 잘못된 인식들을 조금이나마 바로잡아 보려고 한다.

군대에 대해 거시적으로 소개하는 두 번째 이유는, 부정적인 인식 때문에 입대 전 찾아오는 해결하지 못할 두려움을 없애 주기 위해서다. 많은 병사들과의 인터뷰에서 군 입대 전 우울한 기분에 빠지고 두려움을 느껴 잦은 음주를 하거나, 추억을 만든다는 명목하에 사고를 친 경험들을 들을 수 있었다. 나도 입대를 2주일 정도 남겨 두고 큰 두려움에 빠졌다. 훈련소에서 남들은 다 알고 있는 상식을 나만 몰라서 무시를 받으면 어떡하지? 나도 모르게 큰 실수를 해서 중간에 집으로 돌아오게 되면 어떡하지? 외워야 할 게 너무 많으면 어떡하지? 정말 아무것도 모르고 군대에 들어갔다가 선임들에게 괴롭힘을 당하면 어떡하지? 간부들이 부당한 행동을 강요하면 어떡하지? 더러운 부대에 배치 받으면 어떡하지? 등등 많은 고민에 빠졌다. 하지만 이런 두려움의 대부분은 무지에서 비롯되는 거라는 사실을 알아야 한다. 인터넷에서 '군대'를 검색하면 '일정한 규율과 질서를 가지고 조직된 군인의 집단'이라고 나온다. 즉 특정한 목적을 위한 규율과 질서를 통해 만들어진 집단으로, 다시 말하면 규율과 질서 내에서만 움직이는 조직이다. 즉 군대 조직에 대한 간단한 특성들만 알아도 무지에 의한 두려움을 가질 걱정은 없을 것이다. 또한 뒤에서 자세히 설명하겠지만, 어떤 행동을 할 때 자신의 행동에 대해 확실히 이해하고 그 이유를 아는 것은, 그렇지 않았을 때와는 너무나 큰 차이를 만들어 준다. 그래서 이번 장에서는 군대 조직의 특성을 알아보고 미디어에서 왜곡시킨 군대의 모습과 실제 요즘 군대에 대해서 알아보도록 하자.

군대 조직의 특성

▾
▴

임무 완수가 최우선

군대는 그 무엇보다 임무 완수를 최우선시한다. 군대의 존재 이유는 국가의 생존, 국민의 안전과 재산을 지키는 것이며, 임무 완수는 이런 가치들과 필연적으로 이어져 있기 때문이다. 결국 군대에서 그렇게 강조하는 강력한 군사력은 곧 임무를 완수해 내는 능력으로 이어진다.

권위적 위계 구조와 상명하복의 계급 질서

급박한 전투 상황에서의 혼란을 방지하고 질서 있게 움직이기 위해서는 강력하고 일률적인 지휘 체계에 입각한 명령과 복종을 필요로 한다. 또한 군대에서 선임과 후임, 분대장과 분대원, 병사와 간부, 부사관과 장교 등으로 끊임없이 상하를 나누는 이유도 이 때문이다.

무한한 희생과 헌신 요구

결국 수많은 장병들이 의무적으로 군대에 입대를 하는 목적이며 또한 많은 장병들이 힘들어하는 이유일 것이다. 국가에 대한 충성은 개인에게 보다 높은 차원의 희생—생명, 자유 등에 대한—을 요구한다. 그렇기 때문에 군인은 휴가 중이 아니면 음주를 하지 못하고, 잠을 덜 자면서까지 위협에 대비해야 한다.

단결과 협동을 중시하는 운명 공동체

이런 말이 있다. "아무리 장비가 좋아지더라도 결국 전쟁을 승리로 이끄는 것은 사람이다." 그렇기 때문에 조직적인 단결과 협동은 임무 완수의 핵심이며, 전우애를 강조하고 연대 책임을 강조하는 것도 그 이유에서다.

엄정한 군기 확립

무엇보다도 군대가 특수한 것은 무력을 사용하는 조직이라는 점이다. 무력을 올바르게 사용하기 위해서는 엄중한 질서와 통제가 필연적으로 존재해야 하며, 바로 그것이 엄중한 군기를 확립해야 하는 이유다. 언뜻 보면 별 상관 없어 보이지만, 청소를 잘하고 면도 등 개인 위생까지 철저하게 해야 하는 이유도 여기에 포함된다. 나 혼자만 특별한 사람이라는 생각을 버릴 때 군기는 확립된다.

정치적 중립의 의무

군대는 국민 전체를 위한 조직이지, 특정 집단이나 개인을 위한 조직이 아니다. 군대가 어느 한쪽으로 치우치면 국민의 안전이 위험해지기 때문에 군대는 정치적 중립의 의무를 지켜야만 한다.

보편적 가치에 대한 존중

군대 조직은 특수하지만 그럼에도 절대 보편적 가치를 넘어서지는 않는다. 기본적으로 병사의 '군복 입은 시민'으로서의 기본권—평등 대우, 사생활의 비밀과 자유, 종교 생활 등—을 존중해 준다.

다만 아무리 헌법에 보장된 권리라도 '군사적 직무의 필요성의 범위'에서는 기본권을 제약—군사 정보 누설 금지, 대외 활동 규정과 절차 준수, 집단 행위 금지 등—받을 수 있다.

어떤 부대라고 할지라도 위의 일곱 가지 특성 내에서만 움직일 수 있다. 아무리 명령이라 하더라도 '합리적'인 '직무의 필요성'범위 내에서만 정당하게 명령할 수 있다. 많은 장병들이 군대라는 조직에 자신이 정당하게 요구할 수 있는 권리가 있다는 것을 알았으면 좋겠다.

미디어에서 왜곡된 군대

▼
▲

무차별적 언론

입대 전, 많은 장병들이 두려워한다. 험악할 것 같은 군대의 분위기, 부조리를 당하면 어쩌나 하는 걱정 때문이다. 거기에다 폐쇄적인 구조, 특수성을 가진 조직 문화, 엄격한 군기와 규율에 대해 미디어가 지나치게 과장된 모습으로 왜곡까지 한다. 끝도 없이 뻗어 나가는 상상력의 불을 지피는 것이다.

2021년에 공개된 넷플릭스 드라마 〈D. P.〉는 군대에서의 가혹 행위, 폭력 등을 적나라하게 묘사한다. 기수표 암기를 강요하거나 폭력까지 동원한다. 코 고는 후임병에게 방독면을 씌운 뒤 물고문을 하는 모습, 그 밖에도 가래침을 먹이고, 속옷을 벗겨 체모를 태우거나 자위행위까지 강요하는 모습이 연출되었다.

2022년에 나온 tvN의 드라마 〈군검사 도베르만〉에서도 주인공이 훈련소에서 다른 훈련병들에게 집단 놀림을 당하고, 조교에게도 괴롭힘을 당하는 모습은 아직 입영하지 않은 예비 장병들의 마음을 막막하게 했다. 아직도 군대의 부조리와 악습, 가혹 행위, 구타 등은 여전히 당연하게 존재할까? 어쩌면 그럴 수도 있다. 여전히 군대 내에서 일어나는 부조리에 대한 사례들은 심심치 않게 찾아볼 수 있다. 국방부에서 발표한 『국방통계연보』에 따르면 폭력이나 부대 내 성추행, 자살률은 여전하다. 같은 자료에서 폭력으로 인한 입건은 2019년 1262건으로 2014년(1387건)에 비해 다소 줄긴 했으나 비슷한 수준이다. 다만 폭처법(폭력 행위 등 처벌에 관한 법률) 입건 수는 2014년 503건에서 2019년 246건으로 절반 정도 감소하면서 비교적 중대한 폭력 행위는 줄어든 것으로 해석된다. 부대 내 병끼리의 추행으로 입건된 건수는 2019년 193건, 2014년 186건으로 오히려 늘어났고, 자살률은 2014년 10만 명당 10.2명에서 2019년 10만 명당 9.73명으로 비슷한 수준을 보였다. 이런 궁금증을 해결하기 위해 현재 군사 경찰에서 수사관으로 계시는 수사관님의 자문을 구해 보았다.

최근에 유행하고 있는 군 관련 드라마에서 표현되는 군의 모습이 사실이 아니라고 확실하게 부정하기는 어렵습니다. 군대라는 조직이 폐쇄성이 높고 위계질서가 뚜렷한 집단이다 보니 과거 잘못된 모습들은 분명히 존재했습니다. 현재도 질이 좋지 않은 장병은 분명히 존재하기 때문에 어디에선가는 아무도 모르게 병영 부조리를 당하고 있는 장병이 아예 없다고 말씀드릴 수는 없습니다. 하지만 과거와 다른 점은 병사들과 간부, 장교들의 의식 수준도 높아졌고 군에서도 병영 내 부조리나 가혹 행위, 사고 들을 예방하기 위한 다양한 교육을 진행하고 있다는 것입니다. 또한 군 내 범죄나 부당한 일을 당했을 경우 이를 신고하거나 상담할 수 있는 다양한 제도적 장치들이(1303, 육군인권 존중센터, 병영생활상담관, 범죄 피해자 보호 제도 등)마련되어 있습니다. 이러한 노력들로 지금 현재 병영 환경은 크게 개선되었습니다. 특히 지금은 과거와 다르게 2017년도 4월부터 스마트폰을 이용할 수 있게 되어 장병이 완전히 고립되지는 않게 되었습니다. 덕분에 이런 제도적 장치들을 쉽게 활용할 수 있습니다. 또한 범죄의 유형에 따라 다르긴 하지만 추행이나 폭행, 가혹 행위에 관련된 범죄의 경우에는 자신의 행동이 잘못인지 모르는 경우가 많습니다. 대부분 "장난이었습니다.", "걔도 재밌게 같이 놀았습니다."등 마치 자신이 피해자에게 배신

당한 듯이 말을 하곤 합니다. 즉 친해지기 위해서 혹은 장난으로 옆구리를 찌르거나 어깨를 툭툭 치는 행위들도 모두 추행이나 폭행 가혹 행위 등으로 처벌될 수 있습니다.

군대라는 환경이 폭력을 만들지는 않는다.

즉 군대는 그 특성상 부조리가 만들어지기 쉬운 공간이다. '엄중한 군기를 위해서 일부의 부조리는 존재해야 한다'고 생각하는 사람들이 실제로 꽤 많기 때문이다. 하지만 개인의 재미를 위해서나 군기를 확립하기 위해서나 종국에는 결국 개인의 선택에 따른 문제라고 생각한다.

빅터 프랭클린의 저서 〈죽음의 수용소에서〉의 문장을 인용해 보면 "수면 부족과 식량 부족 그리고 다양한 정신적 스트레스를 받는 그런 환경이 수감자를 어떤 방식으로 행동하도록 유도할 가능성이 있음에도 불구하고, 결국 최종적으로 분석을 해 보면 그 수감자가 어떤 종류의 사람이 되는가 하는 것은 그 개인의 내적인 선택의 결과이지 수용소라는 환경의 영향이 아니라는 사실이 명백하게 드러난다."

같은 환경이라도 어떤 선임병은 "다 같이 일하고 다 같이 빨리 쉬자."라며 본인도 주도적으로 열심히 일하지만 또 어떤 선임병은

전역하고도 후회하지 않으려면

"내가 왜 해야 돼?"라며 도망 다니기도 한다.

생각해 보면 사람들은 학교 폭력에 대해서는 나쁜 학생의 잘못이라고 생각하지, 학교의 잘못이라고 생각하지는 않는다. 하지만 군대에서 군인이 가혹 행위를 한다면 특정 군인보다 군대 자체에 문제가 있다고 생각하는 경향이 있다. 즉 군대 전체의 분위기 문제가 아니라 개인의 인성의 문제일 수도 있는 문제가, 미디어에 보도될 때는 보통 군대 자체의 문제를 강조하는 경우가 많다 보니 이런 특성이 돋보인다.

요약하면 군대라는 공간은 그 특성상 부조리를 만들기 쉬운 공간이고, 결국에는 개인의 선택에 따라 상황이 달라지기 때문에 부조리가 완전히 없어졌다고 얘기할 수는 없다. 하지만 현재에는 다양한 제도적 장치들이 마련되었기 때문에 이를 적극 활용할 수 있다.

아니면 말고

안타까운 이야기지만, 아무리 언론과 미디어에서 군대에 대해 안 좋은 이미지를 부각시켜도 거기에 대고 "요즘 군대는 괜찮아졌다."라고 확실히 얘기하기가 어렵다. 대한민국에는 너무나 많은 부대와 수많은 군인이 존재하기 때문이다. 당연히 요즘 군대는 예전에 비해 좋아졌다고 말할 수는 있겠지만 어딘가에서는, 정말 어딘가에서는 그런 일이 일어나고 있을지도 모른다는 생각 때문이다. 어딘가에는 부조리를 암묵적으로 눈감고 있는 부대가 있을 수 있고, 남이 어떻게 느끼든 이기적으로 행동하는 선임이 있을 수 있다. 이를 알고 있는 것은 오직 가해자와 피해자뿐일 것이다.

그러니 '어딘가에서는 충분히 일어날 수 있는 일 아니냐? 아니면 말고', '이 사건은 실화를 바탕으로 구성한 거야, 물론 모든 군대가 그렇지는 않겠지만 어쨌든 일어났었잖아' 하는 식으로 언론에서는 어디 부대의 누구라고 정확히 밝히기보다는 군대에서 어떤 사건이 있었다는 점을 많이 강조한다.

가장 가까우면서도 좋은 예는 계속해서 구설수에 오르고 있는 '군대 부실 급식' 논란이다. 어디 부대의 어디에서 찍은 건지 모르는 단 한 장의 사진에 군대 전체의 이미지가 좌우된다. 기사의 헤드라인에는 어김없이 '어디의 무슨 부대'라는 정확한 정보는 빠져 있고 그저 '군대 부실 급식'이라고만 쓰여 있다. 내가 하고 싶은 말은 군대의 부실 급식 문제가 실재하지 않는다는 게 아니다. 잘 운영되고 있는 부대들의 급식까지도 전부 문제가 있다고 생각하게 만드는 식의 기사들이, 군대라는 집단의 이미지를 왜곡하고 예비 장병들로 하여금 이에 대해 두려움을 느끼게 만든다는 것이다.

장병들마다 입대하기 전 생활 방식이 달랐고, 같은 급식과 같은 활동복을 보고 누군가는 '이 정도면 괜찮다'고 생각할 수 있지만 누군가는 '이걸 어떻게 먹어?', '이걸 어떻게 입어?' 하고 불만을 가질 수도 있다.

이건 비단 군대에서만 벌어지는 상황은 아닐 것이다. 과거 초·중·고등학교에 다니면서 급식에 대해 투정을 하는 사람들을 누구나 봤을 것이다. 하지만 초·중·고의 부실 급식은 정말 큰 문제가 없는 한 기사에 오르지 않는다. 하지만 군대는 다르다. '이걸 어떻게 먹어?' 하고 생각한 인원이 사진을 찍어 올리면 배식을 받는 모든 장병이 그렇게 생각하고 있다는 듯한 어조로 기사가 나온다. 그게 100명 중 한 명 혹은 1,000명 중 한 명이라도 상관없다. 어딘가에서는 그런 일이 일어났다는 것이 중요하다. '아니면 말고' 식의 미디어가 군대 이미지를 왜곡해서 다른 진짜 문제를 해결하는 데 쓰일 자원이 잘못 쓰여진다고 생각하면 참 안타깝다. 또한 안보의 특성상, 안보가 잘 지켜질 때는 그 사실이 눈에 잘 보이지 않는다. 하지만 반대인 경우는 확실히 눈에 보인다. 예를 들어 특정 부대에서 임무 수행에 실수가 있었다면 언론은 잘 대응한 점보다는 이 실수 하나를 강조한다. 눈에 확 띄기 때문이다. 잘 진행된 훈련이 무슨 재미가 있겠는가? 그런 식으로 국민들의 입장에서는 안 좋은 생각을 가지게 될 수밖에 없는 것 같아서 참 아쉽다.

자극적인 기사를 위해 안 좋은 면을 강조하려고만 하는 '아니면 말고'식의 언론은 군대의 이미지를 왜곡시킨다.

특수전에 대한 지나친 의미 부여

▼
▲

특수전이 최고 아니냐?

그다음로 미디어에 의해 왜곡된 군대의 모습을 꼽는다면 바로 '특수전'에 대한 지나친 의미 부여다.

2022년 7월 기준 구독자 308만 명을 보유한 유튜브 채널 피지컬 갤러리의〈가짜 사나이〉, 채널 A의 〈강철부대〉, SBS의 〈더 솔져스〉 등 실제 특수전 부대의 군인으로 복무했던 전역자들을 앞세운 콘텐츠들이 대거 성공을 거두었다. 군의 입장에서도 국방 임무를 완벽히 해낼 수 있는 든든한 군의 이미지를 줄 수 있으니 좋을 것이다. '워리어 플랫폼'의 장비를 착용해 강인한 군인의 모습을 한 특수전의 이미지는 홍보용으로 매우 효과적일 것이다. 덕분에 군에 대한 관심이 높아지고, 더 이상 '피하고 싶은 곳', '어떻게든 편한 부대를 찾아다녀야 하는 곳'이 아니라 이왕 꼭 가야 한다면 아무나 갈 수 없는 부대에서 아무나 해낼 수 없는 임무를 수행하면서 멋지게 다녀오고 싶다는 생각으로 바뀌는 좋은 영향을 주고 있다.

하지만 반대로 성공을 거둔 콘텐츠들이 지나치게 '특수전'만을 강조하는 경향이 있다. 군대를 지탱하고 있는 수많은 부대와 병과가 있는데 그중 '특수전' 부대들만이 '진정한 군인'으로 묘사되고 나머지 병과들은 무시된다. 또 다른 문제는 프로그램에서 강조하는 '특수전'마저도 비교의 대상이 된다는 것이다. 가장 먼저 탈락한 부대는 다른 부대에 비해 뒤떨어진다고 오해하기가 쉽다. 그리고 이에 모든 판단을 시청자의 몫으로 남겨 둔다는 것은, 일어날 결과에 비해 아주 무책임한 일인 듯하다.

군대에는 수많은 병과들이 존재한다. 결국 그 모든 병과들이 적으로부터 국가와 국민을 지켜 내고 국방의 의무를 다한다는 동일한 목적 아래에 제 임무에 맞추어 존재하는 것이다. 운전병이 컴퓨터를 아무리 잘 다루더라도 운전을 하다가 충돌 사고를 낸다면 '임무 수행'을 제대로 했다고 볼 수는 없을 것이다. 단순히 턱걸이 개수, 근육질의 몸 같은 몇 가지 성과만을 보고 이 부대와 저 부대를 비교하면서 존재의 가치를 판단하는 것은 우려스럽다. 그건 운전병이 운전을 더 잘한다는 이유로 행정병을 무시하고, 행정병이 컴퓨터를 조금 더 잘한다는 이유로 운전병을 무시하는 것과 같다.

그래도 특수전이 최고 아니냐?

그렇다고 해도 부대와 부대를 비교하는 문화가 쉽게 없어지기보다 '그래도 특수전이 최고 아니냐?'라는 의문이 들 것이다. 그런 독자들을 위해 덧붙이자면, 대부분 특수전의 임무는 대테러, 요인 경호, 요인 암살, 후방 지역 교란 등 소규모 특수 임무 수행이 특징이다. 마치 영웅과도 같은 이러한 특징과 매력 때문에 특수 작전들은 매력적인 영화로 많이 만들어진다.

하지만 현실에서는 이런 영웅적인 행보가 쉽지 않다. 실제 현재 전쟁의 양상과는 거리가 있기 때문이다. 실제로 러시아와 우크라이나의 전쟁만 보더라도 특수전보다는 재블린 미사일과 포병들이 더 힘을 발휘하고 있으며, 미사일 등을 쏘기 위한 여러 가지 수학적인 계산과 과학적인 확인의 영역이 강조되고 또한 이를 막기 위한 방공, 통신이 더 강조되고 있다. 한마디로 결국 특수전의 영웅적인 소규모 게릴라 작전도 전투의 주력 부대의 원활한 작전 수행을 위해 존재하는 것이다. 또한 현실적인 관점에서 생각해 본다면, 전쟁에서 중요한 통신을 차단하기 위해서 굳이 어렵고 위험 부담이 큰 소규모 게릴라 작전을 시행할 필요가 있을까? '특수전'의 멋진 모습들도 결국 전투 병과들의 노력이 있기 때문임을 기억했으면 좋겠다.

요즘 군대란?

⊻
⊼

    군대는 안보를 위해 존재한다. 하지만 요즘에는 재래적인 안보만이 아니라 사회적, 경제적인 안보 또한 중요해졌다. 안보의 개념도 계속해서 변화하기 때문에 '요즘 군대'를 확실하게 정의하기는 어렵다. 하지만 이런 복잡한 개념이 아닌, 장병의 기준에서 쉽게 설명하자면 요즘 군대를 가장 잘 나타내는 키워드는 '스마트폰', '코로나 19'다. 이 두 가지 특징이 소위 '요즘 군대'의 문화들을 만들고 있다.

개인성

장병·간부 모두 과거와 비교해서 가장 크게 달라진 점이라 지적

하는 것은 바로 '개인성'이다.

특히나 2017년부터 스마트폰이 보급되었기 때문에, 개인 정비 시간이 되면 장병들 대부분이 자신의 침대에서 스마트폰을 사용하는 모습이 일반적이 되었다. 과거의 장병들은, 물론 100퍼센트 다 그렇다는 것은 아니지만, 서로 끈끈한 관계를 맺고 있었으며 주말에는 간부들과 체육 활동 등을 하면서 현재에 비해 단결된 모습이었다. 또한 외출과 외박이 가능했기 때문에 근처에 거주 중인 간부님들과 시간을 함께 보내는 경우가 많았다. 요즘은 스마트폰이라는 매개체로 과거에 비해 영내營內의 관계보다는 사회와 간접적으로 소통하고 있고, 개인적인 비밀도 많아진 것이 특징이다. 과거에 비해 전우들끼리 더 끈끈한 관계로 발전할 수 없다.

그러다 보니 간부들의 입장에서 과거와 비교했을 때, 근래에 입대하는 장병들은 어떤 역할이나 일을 맡겼을 때 그냥 당연하게 생각하면서 하는 인원이 별로 없다고 한다. 이 일을 왜 해야 하는지 설명을 해 주어야 하고, 특히 자신에게 피해가 되는 일이라면 회피하는 경우도 많아졌다고. 물론 과거에도 이런 인원이 없었던 것은 아니었지만 과거보다 현재에 더 많아졌다고 밝혔다.

인권 존중

두 번째로 많이 이야기한 특징은 '인권'에 대한 확실한 존중이다. 실제로 영내 생활을 해 보면 훈련을 하든 체력 단련을 하든 단결 활동으로 운동 경기를 하든, 개인의 건강에 대한 중요성이 항상 강조된다. 또한 부상을 당했다면 눈치를 보지 않고 적당한 보고 후 의무대를 갈 수 있는 여건을 잘 보장해 주고 있고, 의무대에서 해결이 되지 않는다면 외래 병원에서 진료를 받을 절차를 밟을 수 있다. 무엇보다도 '건강하게 전역해야 하지 않겠냐?' 하는 문화가 많이 정착되어 있다.

장기 휴가 미실시와 격리

2020년부터 전 세계를 덮친 코로나 19는 당연히 군대에도 영향을 끼쳤다. 코로나 19로 인해 군대의 지침 중 가장 빠르고 많이 변하는 것이 장병들의 휴가 관련 문제일 것이다. 코로나 팬데믹 아래에서 부대 총인원의 몇 퍼센트만이 휴가를 나갈 수 있게 되어, 몇 달 동안 휴가를 나가지 못하는 '장기 휴가 미실시자'가 생긴다. 덕분에 장기 미실시자는 과거에 3박 4일 정도의 휴가 기간보다 대폭 늘어난 휴가 기간을 가지는 경우가 일반적이다. 또한 과거에 실시되었던 외출, 외박이 몇 년째 통제되었다. 또 부대마다 지침은 다르겠지만 휴가 복귀 후 일부 시간 동안 격리, PCR 절차를 밟아야 한다. 하지만 2022년 5월 코로나 하락세가 확실해지면서 5월 30일부로 미복귀 휴가를 금지하는 규정이 추가되면서 '장기 휴가 미실시자'의 문제도 해결될 것으로 보인다.

무차별적 언론과 개인 스마트폰의 영향

앞서 이야기했듯이 '아니면 말고' 식의 무책임한 언론의 과장된 몇 개의 기사들과 개인 스마트폰의 보급이 군대에 엄청난 영향을 끼치고 있다. 훈련소에서 배우는 것처럼 국민의 안전과 재산에 직접적으로 영향이 있는 안보만큼은 강직하게 존재했으면 좋겠지만 국민의 인식에 좌우되면서 장병들은 그저 친자식을 관리하듯이 바뀌어 가는 경향을 보이며 본질이 흐려지는 것 같다.

자기 개발

다섯 번째 특징은 긍정적인 특징 중 하나인 자기 개발에 대한 노력이다. 과거와 비교해 영내 생활을 하는 동안 장병들의 자기 개발에 대한 노력이 커졌다는 것이다. 아무래도 과거와 비교해 봤을 때 군 생활 속 부조리가 적어졌고, 군 생활에 대한 인식이 사회에서 벗어나 미래를 준비하는 시간으로 바뀌고 있는 것에서 이유를 찾을 수 있겠다. 또한 후에 자세히 기술하겠지만 과거와 비교해 자격증에 대한 지원, 취업 상담에 대한 지원 등이 활발하게 이루어지면서 긍정적인 형태로 변하고 있다.

갈수록 나약해진다?

간부들의 의견을 인터뷰하면서 굉장히 놀라웠던 것 중 하나는, 과거 장병들과 비교했을 때 현재 장병들의 특징에서 빠짐없이 나오는 화두가 바로 '현재 장병들은 과거에 비해 군기가 없고 나약하다'는 논제다. 과거에는 장병들 단위로 단합이 잘되었고 장병들끼리 잘못된 점에 대해 간섭하고 바로잡으면서 스스로 잘했다고 한다. 그래서 임무를 주면 그 임무를 소위 '빠릿빠릿하게' 처리했는데, 요즘 장병들은 그렇지 않다는 것이다. 부끄럽지만 나도 그렇게 생각하고 있었다.

하지만 간부들에 대한 인터뷰가 막바지로 향할 때쯤, 한 번 전역을 하고 재입대를 한 간부의 의견을 듣고 생각을 바꾸게 되었다. 과거 장병들이 현재에 비해 군기가 잘 잡혀 있었던 것은 사실이지만 과거에는 구타, 폭언, 따돌림 등 악습이 존재했다. 그래서 현재에 비해서 많이 힘들어하고 자살을 생각하는 장병들도 많았다. 실제로 국방부가 2015년과 2020년에 각각 발표한 『국방통계연보』에 따르면 2019년 군무 이탈(탈영)로 입건된 건수는 95건으로, 2014년 406건에 비해 약 76퍼센트 감소했다. 현재에는 과거에 비해 통제와 악습보다는 개인 의지를 중요하게 생각한다. 잘하지 못한다고 해서 수단과 방법을 가리지 않고 어떻게든 잘하게 만들지는 않는다. 분대장으로 예를 들자면, 과거의 분대장은 분대원들을 통제하고 그들의 긴장감을 유지시키는 것이 중요했다. 반면 요즘 분대장들은 분대원들에게 관심을 가지면서 분대원들에게 동기를 부여해 주는 것이 중요하다. 장점과 단점이 확실하기 때문에 이 둘 중 무엇이 더 낫다고 얘기할 수는 없다, 다만 두 개의 환경 모두에서 쉽게 적응하는 장병은 극소수라는 것이다. 즉 주어진 상황에서 잘 적응하는 장병들이 있던 것이지, 누가 더 낫다고 생각하지 않는다. 현재에도 과거의 분위기에서 임무 수행을 잘하는 장병이 있고 현재의 분위기에서 임무 수행을 잘하는 장병이 있는 것이다. 그러니 하나의 좌표로 과거와 현재를 비교하지 않으면 좋겠다.

II

입대하기 전
무엇을 해야 하나?

기필코 모집병으로 입대하라

Ⓨ
Ⓐ

자신의 군 생활에 만족하는 장병의
가장 기본적인 법칙

인터뷰 동안 만난 육군 장병들 중에서, 자신의 군 생활에 대한 만족도가 높은 장병들의 가장 큰 공통점이 무엇일까? 전역하고 후회하지 않기 위해서 가장 첫 번째로 해야 되는 것은 무엇일까?

바로 '모집병'으로 군에 입대했다는 것이다. 여기서 모집병과 징집병을 구별하여 설명을 할 필요가 있겠다. 대한민국 육군에 일반적인 병영 의무자가 군 장병으로 입대하기 위해서는 크게 두 가지 방법이 있다. 첫 번째가 징집병이다. 병역 판정 검사를 받고 입대 일자가 정해진 입영 통지서를 받거나, 입영 일자 본인 선택을 통해 특기가 부여되지 않은 상태로 훈련소 혹은 신병 교육대로 입소를 할 날짜가 정해지면, 정해진 날짜와 시간에 맞춰 입소를 하는 방법이다. 징집병으로 입대를 하면 훈련소와 신병 교육대에서 자체적으로 적성, 학과, 자격, 면허, 직업 등을 토대로 부여되는 특기를 받는다. 두 번째로 모집병은 '지원병'과 같은 말이며 병무청의 군 지원 페이지에서 직접 자신의 특기를 선택, 지원하고 각 특기에서 요구하는 서류, 면접, 체력 평가 등을 통해 선발되어 군에 입대하는 방법이다. 카투사, 최전방 수호병, 전문 특기병 등이 여기에 속한다.

그렇다면 왜 굳이 모집병으로 지원을 해야하는 것일까? 크게 두 가지 이유가 있는데 첫 번째 이유는 바로 '선택'이다. 모집병으로 입대를 결심하는 순간 자신이 어떤 특기에 지원하게 될지, 또한 언제 입대를 할지 심지어는 자신의 부대를 어디로 받을지를 자신이 직접 '선택'을 할 수 있다. 많은 인터뷰에서 자신의 군 생활에 만족한다고 얘기한 장병들의 어김없는 공통점은 어떤 이유에서든—정말 급하게 입대를 하기 위해서였더라도—병무청 홈페이지를 들어가서 자신의 특기를 '선택'했다는 점이다.

내가 결정했으니 만족한다는 것이다. 방 청소 하나를 해도 부모님의 잔소리에 못 이겨 하는 것보다 자신의 선택으로 스스로 할 때 만족감이 큰 법이다. 흔히 장병들이 많이 하는 말 중 하나가 '군대에 끌려온다'는 표현이다. 자신은 아무런 의사를 표현하지 못하고 국가에서 강제로 정해 주는 특기와 자대를 받아들이는 것보다는, 좋든 나쁘든 자신이 내린 선택으로 인해 만들어진 결과가 당연히 만족도는 높을 수밖에 없다. 두 번째로 자신이 어떤 군 생활을 하게 될지 미리 알고 거기에 의미를 부여할 수 있다는 점이다. 그 이유를 간단한 비유를 통해서 설명해 보겠다.

예를 들어 친구들과 같이 여행을 간다고 해 보자. 만약 자신이 어디에 여행 가는지, 무엇을 먹을지, 어디에서 묵을지, 어디를 구경할 것인지, 무엇을 하면서 놀 것인지를 아예 생각하지 않고 그냥 친구들이 하자는 대로 따라다녔다고 생각해 보자. 그렇게 여행을 마치고 돌아온 친구들에게, 여행을 가지 않은 다른 친구들이 여행에 관해 질문했을 때. 직접 계획을 하고 여행을 갔던 친구와 그냥 친구들이 하자는 대로 했던 친구의 답변은 어떻게 다를까? 아마 계획이 없던 친구의 답변은 이럴 것이다.

"그냥 밥 먹고 돌아다니다가 술 먹고 고기 구워 먹고 왔어."

계획이 없던 친구는 자신이 여행에서 했던 그 어떤 것에도 의미를 부여하지 못한 것이다. 군대도 마찬가지다. 자신이 무엇을 할지 어디로 갈지 최소한의 정보도 없는 상태로 군에 입대를 하고 국가에서 정해 준 특기에 따라 군 생활을 한다면 아무리 남들이 부러워하는 멋있는 임무를 수행하더라도, 정작 그 장병은 자신의 일에서 의미를 찾을 수 있을까? 아니면 항상 휴가만을 생각하다가 끝내 전역을 하더라도 자신이 군대에서 보낸 1년 6개월을 시간 낭비했다고만 생각할까?

정말 다양한 육군의 특기들

모집병으로 입대하기로 결정했다면 분명 자신이 어떤 특기로 지원할지 찾아볼 것이라 믿는다. 하지만 간단하게 소개 영상 몇 개만 보고 결정하기에는 생각보다 육군에는 정말 다양한 특기가 존재한다. 만약 독자 중에 무예를 좋아하고 과거 장수들의 기창, 검법, 교전 등을 배우고 싶다면? 전통 의장대로 지원하면 된다. 또한 6·25 당시 호국 용사들의 유해를 발굴하고 이를 유가족들의 품으로 돌려보내는 유해발굴감식단, 특수전사령부에서 강하 훈련 후 낙하산을 정리 보존하고 자신의 이름의 바코드를 붙이는 장병들, 군 교육 훈련 매체를 개발하는(구 웹 디자인) 장병들, 4차 산업혁명 시대에 맞추어 드론을 활용하는 드론병, 심지어는 육군이 아니라 해군의 특기지만 장병 및 낙도 등 소외 지역 주민에 바둑을 지도하는 바둑지도병까지, 특기는 정말 정말 다양하다. 그러니 '아, 다시 입대를 한다면 이 부대로 한번 가 보고 싶다.' 같은 후회를 하고 싶지 않다면,

간단히 영상 몇 개만 보고 결정하지 않았으면 좋겠다. 또한 특기 안에서도 세부적으로 특기가 다시 나뉜다는 점도 알고 있으면 좋겠다. 인터뷰를 했던 한 병사를 소개하자면, 이 장병은 경찰을 꿈꾸며 경찰행정학을 전공하고 있었다. 그래서 군사 경찰로 지원을 했다고 한다. 하지만 한 가지 아쉬운 점을 말해 주었는데, 군사 경찰이라는 병과에 대해 조금만 더 알았더라면 경찰의 현장 실무와 비슷한 군사 경찰의 특기 중에 군탈체포조(D. P.)로 기회가 있을 때 선발되었으리라는 것이다. 한 가지 더 붙이자면 자신의 희망 진로와 연관되는 병과에 지원하는 것을 추천한다. 이러한 얘기를 하는 이유는 단순히 자신의 흥미나 적성에 맞아서가 아니라, 육군의 특기가 정말 다양하다는 점을 이용해 군 생활을 하나의 귀중한 경험으로 가져갈 수 있다는 장점이 있기 때문이다.

화생방 교육, 사격 훈련 등 각종 훈련의 결과가 저조할 때 장병들이 "이런 거 사회에 나가면 아무 쓸모도 없는 것들인데."라고 하는 말을 종종 듣는다. 하지만 바꿔 생각해 보면 정말 군대에서만 배울 수 있는 독특한 경험이다. 자신의 진로와 관계 있으면서 군대에서만 경험할 수 있는 독특한 것들은 1년 6개월이라는 소중한 시간 동안 아주 소중한 경험을 만들어 줄 것이다. 그러니 자신이 현재 진로를 결정하지 못했더라도, 사회에서는 쉽게 배울 수 없는 독특한 경험을 하는 것도 후회하지 않을 군 생활을 하는 방법이다.

만약 정말 선택하고 싶은 특기가 없다면?

만약 수많은 특기 중에서 선택하고 싶은 특기가 정말 없다면 어떻게 해야 할까? 그냥 입영 통지서가 올 때까지 기다려야 되는 것인가? 그렇다면 그런 안타까운 장병들을 위해 간부들의 추천을 받은 한 가지 특기를 소개하겠다.

누구나 아는 특기인 '운전병'이다. 운전병을 추천하는 다양한 이유가 있지만 무엇보다 큰 강점은 전역 후 얻어 가는 것이 많다는 것이다. 사회에 나가서 다른 특기들보다 쓸모 있는 능력을 가져갈 수 있다는 것. 대형 자동차를 어디에 가서 운전해 볼 수 있겠는가? 운전면허를 취득하더라도 집에 자가용이 없다면 운전을 하지 못하는 경우도 있고, 자가용이 있어도 미숙한 실력으로 연습하기는 현실적으로 어렵다. 또한 운전병으로 군대를 전역을 하게 된다면 보험료를 할인받을 수 있는 혜택이 주어진다. 이게 어느 정도인지, 내 동기의 경우를 이야기해 주겠다. 입대 전 400만 원이 넘던 보험료가 170만 원으로, 절반이 넘는 가격 혜택을 받을 수 있다는 것이다. 또한 모든 일의 특성상 이등병보다는 일등병이 잘하고 일등병보다는 상등병이 잘하고 상등병보다는 병장이 같은 일을 해도 더 잘하기 마련인데, 운전병은 이등병이 병장보다도 운전을 잘할 수 있다. 같은 운전병끼리라도 운전을 더 잘한다면 크게 간섭받지 않을 수 있다. 그래서 많은 간부들이 운전병을 흔히 '남는 장사'라고 표현한다. 물론 장점만 있는 것은 아니다. 운전병은 정말 어디서나 필요로 한 존재이기 때문에 자대를 어느 지역으로 받을지, 좋은 지역으로 받더라도 어느 부대로 갈지가 확실치가 않다. 또한 '운전병과 작업은 불가분의 관계'라는 말이 있듯이 운전이 끝나면 손을 쓸 수 있는 인원이 한 명 추가되는 것이다. 그래서 원하지 않는 작업을 하게 될 수도 있다.

슬기롭게 마음의 준비 하기

장병들의 입대 전 행동

모집병에 대한 이야기까지 마쳤으니 앞으로는 입대 날짜가 정해진 예비 장병들에 맞추어 진행하겠다. 지금부터 18개월을 조금이라도 잃어버리지 않기 위해, 입대 후를 주안점으로 두고 입대 전 해야 할 행동들 및 알아 두면 좋을 법한 내용들을 소개할 것이다.

장병들에게 군에 입대하기 전에 무엇을 했냐고 물어보면 돌아오는 대답은 백이면 백 입대가 결정된 날부터 거의 매일같이 친구들과 술을 먹으며 놀았다는 것이다. 나도 마찬가지였다. 남아 있는 시간이 너무 아까웠고, 무엇보다 입영 후에 후회하고 싶지 않았기 때문에 하루하루 친구들과 술을 먹었다. 앞으로 있을 변화에 대한 두려움과 18개월이라는 가늠되지 않는 세월을 생각하며 돈이 바닥

날 때까지, 노는 것이 질릴 때까지 그렇게 보냈다. 친구들과 약속이 없으면 집에 누워 정말 사형을 기다리는 사형수같이 무엇을 해야 할지 가닥을 잡지 못하고 있었다. 무엇인가를 시작하기에는 너무 애매한 시간만이 남아 있었고, 좋아하던 책도 눈에 들어오지 않았으며, 아무런 의욕도 없이 그냥 누워 있었다. 집에 있으면 자꾸만 내 스스로가 게으르다는 생각이 들기 때문에, 그 생각을 없애기 위해 친구들과의 약속을 찾는다. 가족들도 이제 군대에 들어갈 사람으로 생각하는지 나의 짐을 전부 정리해 두어서, 마땅히 앉아 있을 나만의 공간도 없었다. 그렇게 되니 나는 잠깐의 재미만을 찾아 핸드폰을 뒤적이고 게임을 하면서 보냈다.

'차라리 빨리 입대를 했으면 좋겠다.'

입대 전 장병들의 심정을 대변하는 한마디일 것이다. 입대를 하고 자대에 와서 책을 쓰기로 결정하고 많은 주위 장병들에게 인터뷰를 했을 때도, '입대 전' 무엇을 했는지에 대해 물어보니 대다수의 장병들이 나와 비슷한 생각과 행동을 했다는 것을 알 수 있었다. "차라리 빨리 입대 했으면 좋겠다고 생각했다." 공통적인 대답이었다. 아마 앞으로 입대를 할 장병들도 비슷할 것이다. 그렇다면 앞으로 얼마 남지 않은 입영을 두려움 없이, 허탈함 없이, 의욕 있게 준비할 순 없을까? 전역에 가까워지니 보이는 '입대 전 하면 좋은 행동들'. 지금부터 그 방법을 알려 주고자 한다.

술만 먹기에는 아까운 이유

앞으로 소개하게 될 입대 전 추천하고 싶은 것들 중 유일하게 입대 전에 가치를 둔 행동을 소개하고 싶다. 앞서 소개했지만, 입대 전 대부분의 장병들은 술을 많이 먹는다. 하지만 문제는 정말 대책 없이 술만 먹는다는 점이다. 입대 전 노는 것까지 대책과 계획을 세워야 하나 생각할 수 있겠지만, 입대 전 마지막으로 놀면서도 슬기롭게 놀았으면 좋겠다. 이렇게 얘기하는 데에는 몇 가지 이유가 있다.

첫째로, 결국 후회하게 되어 있다. 아무리 많이 놀았어도, 아무리 많은 술을 먹었어도, 아무리 많이 맛있는 음식을 먹었어도 입대를 하면 후회가 된다. 설령 후회는 하지 않더라도, 어차피 그 모든 것들이 그리워진다. '충분했다'고 느끼기는 힘들다는 것이다.

둘째로, 시간이 지나면 그 시기에 놀았던 추억 전부를 기억하지는 못한다는 것이다.

셋째로, 돈을 정말 많이 쓴다. 어차피 군대에 들어가면 돈을 별로 쓰지도 않을 거란 믿음도 있고, 지금 돈 때문에 아무것도 못하면 분명 후회하리라고 생각하기 때문에 일시적인 것에 정말 많은 돈을 쓴다. 몸을 망가뜨리고 돈을 많이 쓰면서도 정작 남는 추억은 별로 없는 비효율적인 행동이 입대 전의 마지막 선택이라면 너무 슬프지 않은가?

슬기롭게 노는 방법

재미있으면서도 입대 후에도 도움이 될, '효율적이고 슬기롭게 노는 방법'을 알려 주겠다.

첫째, 여행을 가는 것이다. 입대 전 친구를 만난다고 해도 매번 봤던 친구들과 매번 모였던 장소에서 모여 매번 했던 얘기를 하지 말고, 여행을 떠나는 것이다. 그럼 새로운 추억을 많이 쌓을 수 있다. 실제로 입대를 하기 전 여행을 갔다 온 장병들이 입대 전에 대한 질문을 받을 때 긍정적으로 답하는 경향이 있었다.

둘째, 사진을 매일 많이 찍으면 좋겠다. 이유는 군 생활 동안 내가 과거에 찍었던 사진을 보면서 행복한 감정을 느낄 때가 많기 때문이다. 또 사진을 보면서 '휴가를 나가서 다시 여길 가야겠다.'라고 생각하면 긍정적인 감정이 가슴을 채울 것이다. 내가 어떻게 놀았는지, 그 당시에 어떤 일이 있었고 추억이 있었는지 상상보다는 사진이, 사진보다는 여러 감각으로 느낄 수 있는 동영상이 좋다. 돌이

켜 보면 여행 당시에는 힘들고 짜증 나는 일이었을지라도 생활관에서 혼자 사진을 보고 있으면 웃음이 절로 나온다.

하지만 가끔씩 장병들 중 집에 있는 것을 굉장히 좋아하는 장병들이 있다. 밖에 나가는 것보다 집에 있는 것을 더 의미 있게 생각하고 확실한 목표가 아니면 절대 밖으로 나가지 않는데, 특히 입대 전이면 그런 생각이 더 강해진다. 하지만 그런 장병들도 하나같이 입대를 하면 후회를 한다. 그러니 하루하루 사형수 같은 상황을 잊기 위해서 단순히 술만 먹으면서 시간을 의미 없이 허투루 보내지 않았으면 좋겠다.

전역하고 나서의 인간관계를 생각하라

▼
▲

**군대에 들어가면
인간관계가 정리된다는 말에 대한
장병들의 입장**

"군대에 들어가면 인간관계가 정리된다."라는 흔한 말이 있다.
이 말에 대해 장병들은 어떻게 생각할까?

결론부터 이야기하자면 어느 정도 사실이다. 일반적으로 입대
를 하면 신병 교육대 혹은 신병 훈련소부터 후반기 교육까지 사회
와 연결될 시간이 극도로 제한된다. 또한 자대에 도착하더라도 17
시 30분부터 20~21시 정도까지만—부대마다 다르겠지만—핸드폰
을 사용할 수 있다. 하루에 세 시간 정도만 핸드폰을 사용할 수 있
게 되는 것이다. 자연스럽게 꼭 필요한 연락만을 하게 되면서 나에
게 꼭 필요한 사람, 별로 친하다고 생각하지 않는 사람, 연락을 해

도 어색한 사람들을 구별하게 된다. 그리고 사회에 있는 사람들 또한 군대에 들어간 지인에 대해 큰 애착을 못 느낀다면 아무런 연락을 할 필요를 느끼지 못한다. 그렇게 시간이 흐르다 보면 연락을 하는 시간의 편차가 심해지고, 늘 연락을 하는 사람들하고만 휴가 계획을 세우면서, 결과적으로 인간관계가 정리된다.

가짜인가?

하지만 군대에 있었던 시간이 길어지고 계급이 올라감에 따라서 이런 성향은 달라질 수 있다.

자대에 온 지 얼마 되지 않았을 때는 적응을 하느라, 교육을 받느라, 주특기 공부를 하느라, 병 기본 시험을 공부하느라 시간이 없다. 하지만 시간이 지남에 따라 시간의 여유가 생기고, 핸드폰이 질리게 되면 오히려 지인들과의 연락에 시간을 들이게 되는 장병들도 있다. 또한 각자의 성격에 따라 꾸준하게 연락을 주고받으며 좋은 인간관계를 유지하는 장병들도 있다.

한 가지 더 이야기하자면, 인터뷰에서 '군대에 들어가면 인간관계가 정리된다'는 이야기에 대한 의견을 물어보면 '정리가 된다'는 의견이 많긴 하지만, 생각보다 의견이 다양하다는 점이다. 오히려

'군대'라는 곳을 매개로 하여 친하지 않았던 지인들과도 친해졌다는 이야기도 심심치 않게 들었다. "나 휴가 나가는데 한번 볼까?"라고 말할 수 있는 괜찮은 핑계가 생긴다는 것. 결론적으로 '군대에 들어가면 인간관계가 정리된다'는 이야기에 대한 답은, 내가 어떤 선택을 하느냐에 따라 달라진다.

입대 후 여자 친구와의 관계, 괜찮을까?

전역까지 관계를 유지할 수 있을까요? 현실적인 이야기

이성 친구가 있는 수많은 예비 입영 장병들이 입영을 하기 전 밤낮없이 하는 고민일 것이다. 과연 입대 후 여자 친구와의 관계, 괜찮을까?

이 또한 결론부터 이야기하자면 '정말 힘들다.' 장병은 물론 장병의 여자 친구도 지치는 여정이 될 것이다. 임기제 부사관 혹은 학사 장교, 육군 사관학교 등으로 군에 입대를 하지 않는 의무가 없다면 군대에 굳이 입대하고 싶은 장병들은 없을 것이다. 그런데 여자 친구 입장에서는 아무런 의무도 없는데 군대에 들어간 남자 친구 때문에 마음고생을 하는 것을 무척이나 힘들어한다. 그런데 주위에서 친한 친구들이 남자 친구와 행복한 시간을 보내고 있는 이야기를 듣는다면 아무런 잘못은 없지만 입대한 남자 친구가 미울 수밖에 없다. 또한 입영을 한 지 얼마 지나지 않았다면, 더욱 그럴 만한 상황이 많을 것이다. 통화할 시간도 부족하고, 통화를 하다가도 '선임이 부른다'는 이해하지 못할 이유 때문에 어디론가 자꾸 사라지는 일이 반복되면 여자 친구의 불만이 이만저만이 아닐 것이다. 여자 친구를 사귀고 있는 상태로 입대한 장병들은 그래서 "미안하다."라는 말을 정말 입에 달고 산다. 좋은 일이 있어도 "미안하다.", 나쁜 일이 있으면 계속 "미안하다."

그럼 불가능한 일인가요? 이상적인 이야기

그렇다면 전역을 할 때까지 관계를 유지하는 것은 정녕 불가능한 일인가? 하지만 말로는 "정말 힘들다.", "바늘구멍 같은 일이다."라고 하는 장병들도 하루하루 이겨 내며 관계를 잘 유지한다.

그리고 반드시 알아 두었으면 하는 사실이 있다. 장병들에게 물어보면 여자 친구와의 관계를 유지하는 것이 어려운 이유들을 줄기차게 나열하지만, 사실 여자 친구가 기다리다 지쳐서 다른 이성을 찾는 경우는 은근히 드물다는 것이다. 관계가 망가지는 경우의 대부분은 장병 쪽에서 선택한 것이다. 장병이 오랜 군 생활에 지치고 가까이 붙어 있지 못하니 여자 친구가 귀찮아지면서 연락도 뜸해지고 태도도 바뀌어 관계가 망가지는 일이 훨씬 빈번하다. 오히려 장병이 여자 친구에게 이별을 통보하는 경우가 훨씬 많다.

'일말 상초' 극복하기

군대에서 여자 친구와의 원활한 관계를 이어 나가기 위한 방법들에는 무엇이 있을까?

우선 마음가짐을 겸손하게 가지는 것을 꼽는다. 계속 이야기하고 있지만, 영내에서 생활을 하면서 여자 친구와의 관계를 유지하는 것만으로도 굉장히 힘들다. 그러니 무엇인가 대단한 것을 해야겠다는 생각은 하지 않았으면 좋겠다. 대신 확실한 믿음과 이해가 중요하다. 한 말을 반드시 지키는 것이다. 전화를 하겠다고 했으면 꼭 한다. 하지 못할 불가피한 이유가 생기면 그때그때 얘기한다.

하지만 아무리 겸손하게 마음을 가지고, 아무리 한 말을 지키더라도, 여자 친구의 불안은 쉽게 멈추기 어려울 것이다. 그래서 가장 중요한 것은 인내심을 가지고 이해해 주는 자세다. 정말 이 방법밖에는 없다. 흔히 '몸이 떨어지면 마음도 떨어진다'는 얘기가 있듯이 영내 생활을 오래 하면 할수록 서로 사랑의 감정이 식는 느낌이 들 수도 있다. 하지만 꼭 그렇지만은 않다는 것이 입대 전부터 전역 전까지 관계를 이어 온 장병들의 답이다. 몸은 멀어질 수 있지만, 정말 사소한 일까지 대화를 더 많이 하게 되면서 마음이 연결된 듯한 느낌을 받았다고 답한다.

물론 설렘은 덜 할지라도 따뜻한 마음의 채워짐을 경험했다고 말한다. 꾸준한 통화와 대화는 입대 후까지 관계를 이어 온 장병들의 공통된 특징이다.

인간관계에 대한 마음가짐

20대의 어린 나이에 인간관계라는 것은 잃기에 너무 큰 것임이 분명하다. 누구 하나 빠짐없이, 힘든 나의 삶에 너무나도 큰 행복감을 주는 존재들이기 때문이다. 그런 인간관계를 자기 의지가 아니라 군대라는 공간이 갈라놓게 된다면 정말 분노하지 않을 수 없을 것이다.

하지만 지금까지 전역을 한 수많은 장병들 중 군 입대 후 바뀐 인간관계 때문에 슬퍼하는 장병을 본 적이 없다. 생각보다 당연하다는 듯이 지나갈 것이다. 무엇보다 중요한 것은, 군대 와서 떨어질 인연이라면 언젠가 분명 떨어질 것이라는 사실이다. 이성 친구와의 관계가 망가질 것 같아서 고민이 된다면 이 말을 해 주고 싶다. 고작 1년도 못 기다리는 여자라면, 군대에 와서 그 관계가 망가지는 것은 오히려 행운이다. 그런 사람은 군대가 아니더라도 조금 떨어지면 똑같은 행동을 할 것이다. 군대가 사람을 바꾸는 것이 아니다. 원래 그런 사람이었다. 하지만 그렇다고 그런 사람이 잘못된 것은 아니다. 그냥 잘 마무리되었다고 생각해라.

운동을 하라

▼
▲

신병들의 가장 큰 고민

운동을 싫어하는 예비 장병들에게 미안한 소리지만, 입대 전 가능하면 운동을 하라고 추천하는 이유는 단순히 체력을 키우기 위해서만이 아니다.

그 이유를 알기 위해서는 훈련소에 막 입소한 훈련병, 또는 자신의 근무지(이하 '자대')에 처음 온 신병들이 밝힌 '가장 힘든 점'을 주목해 보면 된다. 막 입소한 훈련병이나 자대에 처음 온 신병들을 가장 힘들게 하는 것은 바로 '적응'이다. 그중에서도 '사람들과 친해지는 일'이 정말 힘들었다고, 자대에 막 온 신병들은 물론 인터뷰를 진행했던 모든 장병들이 입을 모아 말했다. 맞선임부터 부대의 최고 선임까지. 자신과 나이는 비슷하지만 '선임'이라는 위치에 있는,

처음 경험하는 관계의 대상과 어떤 식으로 친해져야 될지 잘 몰라서 많이 힘들었다는 것이다.

운동은 이런 고민의 굉장히 효과적인 해결책이 될 수 있다. 특히 2인 이상으로 할 수 있는 운동이라면 정말 좋다. 부대마다 많이 하는 운동은 다를 수 있지만 보통 축구, 족구, 농구, 탁구, 배드민턴은 호불호가 잘 안 갈리기 때문에 많이 한다. 경기의 규칙상 선수들은 모두 동등한 위치를 가지며, 사람보다는 실력만 있으면 경기를 주도할 수 있다는 장점이 있기 때문에, 모르던 사람들과도 쉽게 친해질 수 있다.

그러니 입대하기 전 자신의 취미로 삼을 수 있는 규칙이 있는 운동에 어떤 것이라도 좋으니 흥미를 가지면—억지로 할 필요는 정말 없다—좋겠다. 한 가지 덧붙이자면 e-스포츠라도 정말 상관이 없다. 운동에 흥미가 없다면, 자신이 재미있게 할 수 있는 취미를 만드는 것도 좋다. 군대에 있는 수많은 장병들은 대부분 나이가 비슷할 테니, 자신과 비슷한 취미를 가진 사람이 분명 있을 것이다.

입대 전에 단체 운동을 배우는 것의 장점

입대 전 하루하루 아쉬워하며 놀기도 바빠 죽겠는데, 하기 싫은 운동을 억지로 배워야 한다? 그런 생각에, 누군가는 입대 후 선임들과 동기들과 같이 운동을 직접 해 보면서 배울 계획을 세울지도 모르겠다.

하지만 단체 운동을 입대 전에 배우는 것을 추천하는 데는 다 이유가 있다.

안타깝게도 군대에서 선임들과 동기들은 당장 같이 운동을 즐기고 싶어 하지, 초보자에게 하나부터 열까지 알려 줄 생각을 잘 하지 않는다. 초보자 때문에 운동이 재미없어지고, 경기가 너무 쉬워지고, 못하는 인원에 소위 '폭탄 돌리기'가 펼쳐질 수도 있기 때문이다.

그러나 입대 전에 운동을 배운다면, 내가 아무리 잘 못하더라도 옆에서 툴툴거리면서도 도와줄 친구들이 있다.

단체 운동만으로는 부족하다

그렇다면 필자가 왜 '취미'가 아니라 '운동'이라고 콕 집어 추천했을까? 운동에는 단순히 남들과 친해질 수 있다는 것 말고도 장점이 더 있기 때문이다.

육군에서는 장병들에게 부여된 '병 기본'이라는 과제가 있다.

'병 기본'이란 장병들의 체력, 사격, 화생방 등등으로 이루어져 있는데 이는 진급, 휴가, 외출, 외박 등과 연관된 굉장히 중요한 지표다. 각 부대마다 과제는 다르겠지만 체력은 무조건으로 들어간다.

여기에 일등병이 되었을 때 장병들이 가장 많이 하게 되는 고민이 있다. 자대에 와서 부대 내 장병들과 어느 정도 친해진 후 특히 일등병들이 가장 많이 하게 되는 고민. 병 기본 때문에 상등병으로 진급을 하지 못하고, 병 기본 때문에 원하는 휴가를 받지 못하는 경우가 생기는 것이다.

만약 병 기본 과정 중 체력 과목에서 모두 특급을 받게 된다면 '특급 전사'에 크게 가까워질 수 있다. 만약 '특급 전사'를 따낸다면 진급에 대한 걱정을 할 필요가 없는 정도가 아니라, 남들보다 빠른 시간에 진급을 할 수 있고, 포상 휴가도 받을 수 있다. 하지만 무엇보다 좋은 점은 걱정이 없어진다는 점이다. 앞으로의 자기 개발에 집중할 수 있고, 쉴 때도 맘 편하게 쉴 수 있다. 육군에서 평가하는 대표적인 체력 종목은 팔굽혀펴기, 윗몸일으키기, 3킬로미터 달리기다. 20대 입영 대상자라면 누구나 할 수 있는 것이니 추천—억지로 할 필요는 정말 없다—하고 싶다.

그렇다고 해서 '특급 전사'만을 위해 입대 전 운동을 추천하는 것은 아니다. '특급 전사'를 위해서라고만 하면 군대를 위해, 부대를

전역하고도 후회하지 않으려면

위해, 간부들을 위해 운동을 추천하는 것으로 들릴 수 있다. 입대 전 운동은 부대를 위해서가 아닌, 전적으로 '나'를 위해서다. 남들 보다 조금만 더 잘하면 남들이 받는 얼차려를 받지 않을 수 있다. 기분 나쁜 소리를 듣지 않을 수 있다. 조금 더 편해질 수 있다. 개인 운동은 스스로를 위한 것이다.

군대에서 재테크를 준비하는 방법

▼
▲

가장 현실적인 자료

육군에 입대한 장병은 누구나 복무해야 할 기간이 같다. 하지만 그들을 갈라놓는 가장 현실적이고, 객관적인 자료는 모아둔 '돈'에 있다. 병으로 군 복무간 통상 이병 2개월, 일병 6개월, 상병 6개월, 병장 4개월을 보내는데, 2022년 기준 복무 중 월급을 모두 합친 금액이 무려 1000만여 원에 이른다. 이 중 80퍼센트를 저축한다고 보면 세후 이율 1.4퍼센트만 적용하더라도 약 800만 원 이상의 목돈을 마련할 수 있다. 거기에 장병내일준비적금 혜택을 받을 경우 1000만 원 이상의 목돈을 전역 후 마련할 수 있는 것이다. 장병내일준비적금이 나왔으니 입대 전 꼭 알고 있으면 좋겠다고 생각하는 혜택을 알려 주겠다.

장병내일준비적금 혜택

장병내일준비적금이란? 병역 의무 이행자가 복무 기간 중 급여 적립, 목돈 마련을 통해 전역 후 성공적인 사회 진출을 할 수 있도록 은행과 업무 협약을 통해 높은 금리를 제공하는 대표 정책 금융 상품이다. 대한민국 병역 의무 이행자—현역병, 상근 예비역, 사회 복무 요원, 전환 복무자(의무 경찰, 의무 해양 경찰, 의무 소방), 대체 복무 요원 포함—라면 누구나 혜택을 받을 수 있다.

지금까지 단순히 높은 이자율 혜택만 주었던 장병내일준비적금에 또 다른 혜택이 생겼다. 국방부에서 2022년 1월부터 시행된 3 대 1 매칭 지원금 혜택이다. 장병내일준비적금 납입 원리금의 33퍼센트에 해당하는 금액을 전역 시 국가가 추가로 병역 의무 이행자에게 지원하는 사회 복귀 지원금이다. 월 40만 원씩 장병내일준비적금을 납부하면 납부액의 33퍼센트, 통상 248.8만 원을 국가에서 지원해 주어 754.2만 원 + 약 248.8만 원 = 약 1003만 원을 전역 시에 가져갈 수 있는 것이다. 이 혜택이 무엇보다 의미가 있는 점은, 대상은 전 병력이겠지만 군 적금을 입대 초기부터 40만 원 이상 꾸준히 납부한 병사에게만 혜택이 주어진다는 것이다. 즉 누구나 혜택을 받을 수 없다. 이 사업 하나를 아는 것만으로 이미 전역 후 약 280만 원을 더 받게 되는 것이다. 그러니 꼭 알고 입대를 했으면 좋겠다.

입대 전 재테크를 강조하는 이유

굳이 입대 전에 재테크를 강조하는 이유가 무엇일까? 가장 큰 이유는, 입대를 하게 되면 은행을 가기가 어렵다는 점이다. 특히 2022년 현재 기준 코로나 19의 영향으로 휴가를 나갔을 때가 아니고서야 개인적인 이유로 은행에 가기란 거의 불가능하다. 휴가를 가지 못한 시간만큼 기회비용이 발생한다. 또한 만약 계약의 해지를 원하는 경우라면 그만큼 손실도 보는 것이다. 그러니 꼭 입대 전에 은행 업무를 다 보고 입대하는 것을 추천한다.

그냥 입대하지 마라

지금까지 전역하고 후회하지 않기 위해서 입대 전 해야 할 일들에 대해—기필코 모집병으로 입대하라, 슬기롭게 마음의 준비 하기, 전역하고 나서의 인간관계를 생각하라, 운동을 하라, 군대에서 재테크를 준비하는 방법—배워 보았다.

집필을 결심하고 간부들과 장병들을 따라다니며 인터뷰를 하면서 느낀 점은, 입대하기 전 준비해 두면 좋은 활동들이 생각보다 정말 많다는 것이었다. 나도 입대를 걱정하며 주변 친구들에게 입대 전 준비해야 할 행동들에 대해 몇 번 물어봤었다. 보통 돌아오는 대답은 훈련소에 무엇을 가지고 들어가야 좋은지에 대한 이야기를 제외하면 그냥 입대하면 된다는 것이었다. 정말 그것으로 충분하다고 배웠다. 입대를 하고 곧 그 이유를 알게 되었고, 이후 오랜 시간 동안 나에게도 누군가 비슷한 질문을 했다면 비슷하게 대답했을 것이다.

하지만 이후 책을 쓰기로 결정하고 간부들과 장병들을 찾아다니면서, 놀랍게도 그렇게 군대에 대해서라면 전부 다 아는 것처럼 얘기하던 친구들이 사실 얼마나 무지했던 것인지 알게 되었다. 그러니 절대로 그냥 입대하지 말았으면 좋겠다. 다음 장부터는 전역하고 후회하지 않기 위해 입대 후 무엇을 해야 할지에 대해 알아보자.

Ⅲ

입대 후
무엇을 해야 하는가?

무엇을 위한 입대인가?

장병들의 현실

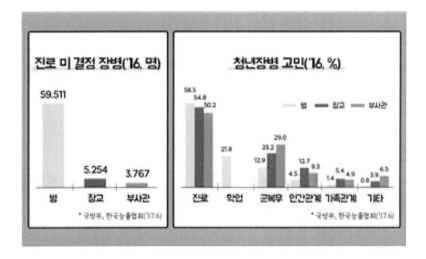

전역하고도 후회하지 않으려면

국방부와 한국능률협회에서 2017년 6월에 진행한 청년 장병의 고민에 대한 조사에 따르면, 청년 장병 27만 1,000명 중 25.4퍼센트인 6만 9,000명이 "전역 후 진로를 결정하지 못했다."라고 답했다. 또한 청년 장병의 고민 중 '진로'가 58.5퍼센트로 가장 많았고 뒤를 이은 고민은 21.8퍼센트로 '학업'이었다. 즉 군 복무보다도 다섯 배가량 높은 수치로 장병들은 미래를 걱정하는 것이다. 또 일자리 질과 경쟁력 있는 중소기업이 많음에도 불구하고 정확한 정보가 없어 대다수의 장병들은 공무원 시험 합격, 공공 기관 취업만을 희망하기도 한다고 한국능률협회는 말했다(장병 취업 희망 기관: 공무원 63.7퍼센트, 대기업 18.5퍼센트, 중소기업 17.8퍼센트).

생각보다 차가운 현실이 아닐 수 없다. "20대의 1년은 30대의 10년과도 같다."라는 말처럼, 20대의 가장 아름답고 미래를 준비해야 할 가장 중요한 시절에 군대에 들어와 국가를 위해 복무하고, 남들보다 2년 정도 진로를 준비하는 데 늦어지지만 막상 전역을 하더라도 뾰족한 진로를 결정하지 못한다는 사실이다.

통계에서는 그렇지만…

통계에서는 장병들이 진로에 대한 고민이 많다고 이야기 하고 있지만 통계를 어떻게 조사했는지 전혀 모르고 수치만 표시되어 있기 때문에 실제로 많은 장병들이 진로에 대해 고민하는지 궁금해졌다. 그래서 현재 '국방전직교육원'에서 취업 상담관으로 계시는 상담관님께 자문을 구했다.

"실제로 상담을 희망하는 장병들은 진로에 대한 막연함 때문에 신청하는 경우가 많으며, 가끔 진로 이외의 인간관계나 심리 상담도 함께 진행하기도 합니다. 상담 내용은 비밀 보장 원칙에 따라 구체적으로 말씀드리기는 힘들지만 진로 상담의 경우 진학부터 커리어까지 다양하게 상담하고 있습니다. 아무래도 아직 사회 초년생이고 일 경험 및 정보가 부족하다 보니 몰라서 못 하는 선택들이 많다고 느낍니다. 진로 도움 상담만 하더라도 몰라서 신청하지 못하는 경우도 많았으니까요. 군대 내뿐만 아니라 사회에 나가더라도 생각보다 지원받을 수 있는 경로 및 사업이 많은데, 소개할 때마다 그런 게 있는 줄 몰랐다는 반응들이라 그 부분이 아쉽네요."

또한 오랜 시간 장병들을 관리해 오신 간부님도 이와 비슷한 얘기를 해 주셨다.

"답은 시간이 조금이라도 있을 때 미리 준비해야 한다는 것입니다. 군 생활 동안 무언가를 준비한다는 것은 정말 힘든 일이지만 전역이 결정된 마당에 아무 준비 없이 시간을 흘려보낸다는 것은 정

전역하고도 후회하지 않으려면

말 나의 미래 시간에 대한 예의가 아닙니다. 냉혹한 사회 현실을 맞닥뜨리고 포기하는 순간을 맞이하게 될 수 있습니다. 전역을 앞둔 친구들을 면담하는 경우 전역하고 무엇을 할 거냐는 질문에 제일 많이 하는 대답이 '학교 복학합니다.', '아르바이트 하려 합니다.', '공무원 시험 준비합니다.', '해외여행을 가려 합니다.' 등입니다. 참 안타깝게도 자신의 삶에 대한 깊은 생각이 없음을 드러냅니다. 하지만 열 명 중 한 명은 자신의 미래를 준비합니다. 복학을 위해서 전공 공부를 미리 하거나 조기 졸업을 위해 학점을 취득하고, 경찰 공무원 시험을 위해 미리 형법 공부를 하고 동영상 강의를 들으며, 해외 취업을 위해 국가 기술 자격 검정을 준비하며, 휴가 간에는 상시 자격시험을 치릅니다. 아마도 계획해서 실행한 사람과 그냥 시간을 흘려보낸 사람과의 차이는 하늘과 땅 차이로 삶의 간격이 생길 것입니다."

혹시 지금 이 책을 읽고 있는 독자도 진로 때문에 고민이 있는가? 아직 자신의 진로를 결정하지 못했는가? 괜찮다. "문제를 해결하는 첫 번째 단계는 자신에게 문제가 있음을 인정하는 것이다."라는 말처럼 지금부터 바꾸어 나가도 충분하기 때문이다. 군 입대는 하나의 기회가 될 수 있다.

휴일 생활관 내의 모습

군인도 주말이면 점호와 식사 집합, 근무를 제외한 시간은 개인 정비라는 이름으로 휴식을 취한다. 물론 '휴식 군기'를 유지하면서.

이때 부대의 분위기는 어떨까? 묘사하자면 불이 꺼진 복도와 마찬가지로 생활관 내 형광등의 불도 꺼지고 커튼으로 햇빛을 가려진 분위기에서, 대부분 침대에 누워 잠을 자거나 음식을 먹거나 스마트폰을 보면서 하루를 보낸다. 토요일과 일요일까지 자그마치 하루 12시간 동안 2일, 그러니까 24시간을 정말 스마트폰에서 눈을 떼지 않는다. 열 명이 있다면 운동을 하는 인원은 대여섯 명, 공부를 하는 인원은 두 명 정도 있다. 나쁜 의미의 평화로운 상태다.

그렇다면 장병들은 왜 입대를 하게 되면 인생에서 가장 소중한 20대의 시간들을 아쉽게 보내는 걸까? 이유는 우선 입대의 시기에 있다. 일반적으로 입대를 하는 장병의 평균 나이는 21~24세 정도로, 보통 대학교에서 1~2학년을 마치고 온 경우가 많다. 대학교 1~2학년 때는 공부와 미래에 대한 고민은 잠시 미뤄 두고, 미성년자라는 이유로 하지 못했던 문화를 즐기는, 소위 '맘껏 노는 시기'다. 그런 시기에 군에 입대를 하게 되니 노는 것에 익숙하기도 하고, 어떤 부질없는 행동을 해도 정해진 군 복무 시간은 간다고 생각한다. 미래에 관한 건 전역을 하고 나가서 제대로 준비하고 싶다는 생각에 마음이 풀어지는 것이다.

두 번째로 개인 정비에 할애할 시간이 애매하다고 생각하기 때문에 휴식을 취한다고 생각하며 시간을 흘려보내게 되는 것이다.

세 번째로 장병들 중 '도피성'으로 입대를 한 장병들이 많다는 점이다. 학교에서 공부를 해 보니 자신이 원하던 공부가 아니었고, 마땅한 진로를 정하지 못해서 일단 군대 문제부터 해치우기 위해 군에 입대한 것이다. 이런 장병들은 사회에서도 무엇을 할지 정하지 못했었으니, 그걸 병영 생활을 하면서 결정하기란 참 어렵다. 그래서 아까운 시간을 아쉽게 보내는 것이다.

정말 많은 시간

월요일부터 금요일까지 일과 후에 계속되는 통제 속 생활 에서 하고 싶은 일들을 마음껏 하고 피로를 푸는 것은 좋다고 할 수 있다. 하지만 20대 초반의 청년들에게는 결코 좋은 모습이라고 할 수 없을 것이다. 소중한 매 주말을 그냥 스마트폰만 들여다보면서 보낸다면 정말 아까운 시간일 것이다.

입대 전이라면 '사회에서도 힘들게 살았는데 군대에서 쉬는 시간까지 자기 개발을 위해 노력해야 하나'라고 생각하며 숨이 막힐 수 있을 것이다. 하지만 생각보다 군대에서 개인 정비 시간은 꽤 많다. 이등병 기간을 빼더라도 일병 6개월, 상병 6개월, 병장 4개월까지 총 16개월은 총 68주, 68주 중 평일 세 시간, 주말 여섯 시간을 할애할 경우 총 1,836시간을 온전히 나만의 공부 시간으로 만들 수 있는 것이다. 1,836시간은, 300페이지짜리 책 한 권을 읽는 데 여덟 시간 걸린다고 했을 때, 자그마치 300권의 책을 독파할 수 있는 시간이다. 내 인생에서 돌아오지 않을 황금 같은 시간. 이런 시간을 그냥 핸드폰만 보면서 보내는 것은 너무 안타까운 일 아닐까?

베스트Best와 워스트Worst의 차이

계속해서 많은 장병들이 군 생활을 잃어버린 시간이라고 규정하고 핸드폰에 의존하면서 보낸다고 강조했다. 그렇다면 의미 있게 보낸다는 것은 어떤 의미일까? 이를 잘 보여주는 것이 베스트와 워스트의 차이다.

내 인터뷰 중 간부들에게 했던 공통된 질문 중 하나는 바로 지금까지 간부들이 관리했었던 장병들 중 베스트 병사와 워스트 병사를 뽑아 달라는 것이었다. 어떤 분은 빠르게, 어떤 분은 어렵게, 어떤 분은 핸드폰의 사진을 찾아보고는 답을 해 주었다. 그렇게 간부들이 한 분 한 분의 대답을 들으면서 베스트 장병들과 워스트 장병들의 공통점과 차이점에 대해 알아볼 수 있게 되었다.

여기서 한 가지 꼭 얘기를 하자면 여기서 베스트와 워스트의 기준은 '군 생활'에 두고 나눈 것이지, 절대로 인생 전체로 한 것이 아님을 밝힌다.

베스트와 워스트 병사를 구분하는 가장 큰 기준은, 군에서 보내는 1년 6개월에 대한 자세다. 베스트 장병들은 군 생활을 절대로 낭비하는 시간이라고 생각하지 않는다. 그래서 뭐든 열심히 한다. 반대로 워스트 장병들은 군대의 시간을 잃어버리는 시간이라고 생각한다. '이 의미 없는 짓을 왜 해야 하는지 모르겠다'고 생각한다. 그래서 간부들의 통제를 무시하고, 훈련을 열외를 시도하고, 거짓말을 한다.

지금부터의 내용이 중요한데, 베스트 장병들의 특징은 그들의 정신이 이상하거나 군대 체질이어서 혹은 간부들의 꾐에 넘어갈 정도로 어리석어서가 아니다. 그들 스스로 무엇인가 의미를 찾을 수 있기 때문에 소위 말년 병장 때까지 열심히 하는 것이다.

두 번째의 특징은 리더십이다. 간단하게 말하자면 베스트 장병들은 리더십이 강하다. 정확하게 얘기하자면 남들에게도 열심히 노력하게 만드는 동기를 전파시킨다는 것이다. 군대에서는 시간이 지날수록 선임들의 수는 줄어들고 후임들의 수는 늘어나고 계급도 바뀐다. 후에 자세히 설명하겠지만 이런 선임이 되었을 때의 행동은 앞으로 만날 후임들의 행동에 엄청난 영향을 끼친다. 안 좋은 생각을 가진 선임과 생활을 했던 후임들이 선임과 비슷하게 생각하게 된 경우를 정말 많이 보았다. 그렇다고 해서 이런 베스트 장병들의 정신이 이상하거나, 선천적으로 군대 체질이어서 장병들의 성격이 남들을 잘 따르게 하는 성격이라거나, 간부들의 시선을 지나치게 의식하는 사람들이어서가 아니다.

극과 극을 만드는 아주 미세한 차이

간부들도 이야기했지만, 맡은 바를 열심히만 해서는, 간부들의 통제를 잘 따르기만 해서는, 분대장의 녹색 견장을 달았다는 이유만으로는, 아쉽게도 베스트 장병으로 뽑힐 수 없다. 학창 시절부터 선생님, 어른들을 좋아했던 장병, 원래부터 뭐든지 열심히 하는 성격을 가진 장병 등 단순한 이유만으로도 군대에서 맡은 일을 열심히 하는 경우는 많기 때문이다.

마찬가지로 간부들의 통제를 무시하고, 훈련 열외를 시도하고, 거짓말을 하는 정도의 엇나감은 정말 흔한 일이고 워스트 수준에

미치지도 못한다. 베스트 장병과 워스트 장병은 말 그대로 정말 '극과 극'이다. 하지만 이런 차이는 아주 미세한 것으로부터 시작된다. 눈치챘을지도 모르겠지만 그것이 바로 '목표'다. 베스트 장병들은 군에서 자신이 얻고자 하는 '목표'가 있었기 때문에 시간 낭비라는 생각을 하지 않고 조금 더 열심히 할 수 있었고, 목표를 위해 자기 개발을 하는 선임을 보며 후임들도 같이 자격증 시험을 준비하고, 영내 도서관인 진중문고도 이용하며 좋은 영향을 끼치는 것이다.

인터뷰 중 한 중사 간부가 뽑아 준 베스트 장병들은 이를 잘 보여 주기 때문에 소개하고자 한다.

"그 장병을 이등병 때부터 봐 왔었고, 항상 경찰 특공대에 대한 관심이 많았습니다. 전문하사를 거쳐 열심히 준비해 전역 이후 경찰 특공대에 1등으로 들어갔다는 전화를 받았을 때 정말 기뻤습니다. 또 한 장병은 입대를 했을 때부터 특수전에 대한 관심이 많았는데, 안타깝게 특수전으로의 입대에 계속 실패했습니다. 그래서 현역 부사관으로 특공대대에 발령을 받게 되어서 참 다행이라고 생각합니다. 수많은 장병들 중 특히 이 장병들이 기억에 남았던 이유는, 입대를 할 때부터 굉장히 명확했습니다. 상담을 해 보더라도 '앞으로 뭘 해야 할지 모르겠습니다.'라거나, '이 선택지와 이 선택지 중 무엇을 해야 할지 고민입니다.' 등의 상담이 아닌, '간부님 저 이 방향으로 가고 싶은데 어떻게 하면 할 수 있을까요?'라는 태도가 특징이었습니다."

일을 열심히 하고 잘하는 것만으로는 베스트 장병이 될 수 없다. 군 생활에 있어서는 베스트 장병일 수도 있겠지만, 그 정도로는 지나가는 수많은 장병들 중 하나일 뿐이다. 절대 간부들에게 기억에 남는 군 생활을 하라는 것이 아니다. 자신의 목표를 쫓아간 장병들이 베스트 장병들이 되었다는 것이다.

워스트 장병들도 마찬가지이다. 단순히 통제된 생활에서 조금 이탈하는 것이 아니라 한 발을 더 나아간다. 자기 자신을 특별한 존재라고 생각하는 것이 워스트 장병들의 특징이다. 휴가를 말도 안되게 늘리거나, 아프다는 이유로 청원 휴가를 내고, 훈련과 일과를 열외하면서, 체력 단련실에서 버젓이 운동을 한다. 심지어는 간부들과의 친분을 이용하여 특별한 혜택을 누리려고까지 한다. 또한 자신이 군 생활을 한다는 이유로, 심리적으로 조금 힘들다는 이유로 자신의 불법적인 행위들을 정당화시키며 후임들을 괴롭히고 물건을 훔치고 심부름을 시킨다. 워스트 병사들은 군 생활을 편하게 하는 것, 어떻게든 휴가를 더 얻어 내는 것, 어떻게든 훈련에 참여하지 않는 것, 어떻게 해서든 전역을 빨리 하는 것 자체가 목표가 되어 버린다. 때문에 그릇된 방향으로 열정이 타오르는 것이다.

왜 입대 후에 해야 하는가?

지금까지 목표를 가지는 것이 군 생활에 있어서 왜 중요한지에 대해 설명하였다. 여기서 한 가지 의문이 들 것이다. 목표를 가지고 군 생활에 임하는 것이 그렇게 중요하다면 왜 '입대 전이 아니라 입대 후에 목표를 만들어야 하는지'에 대해 말이다. 목표란 애초에 무언가를 시작하기 전에 정하는 것이지 않은가? 당연히 빠를수록 좋지 않겠는가. 무언가 앞뒤가 맞지 않는 이야기라고 생각이 든다면 지극히 정상이다.

왜 입대 후에 목표를 세워야 할까? 답은 굉장히 간단한데, '계획은 언제나 바뀌기 마련'이기 때문이다. 육군에는 전국에 수많은 사단급, 군단급, 사령부급의 부대들이 존재하고 그 안에서도 수많은 특기에 의한 분류에 따라 대대, 중대, 소대 급으로 나뉘어 각 지휘관의 판단에 의한 통제에 따르게 된다. 즉, 부대의 사정과 운영 방식은 전국의 모든 부대의 숫자만큼 다양하다는 것이다. 그래서 입대 전의 목표와 계획은 입대 후 자대를 배치 받은 이후 그 사정에 따라 바뀌게 되어 있다. 또한 우리는 직업 학교가 아닌 군에 입대한 것이라는 사실을 기억해야 한다. 각 부대의 사정에 따라 자신의 목표를 위한 준비를 하는 데 여건이 보장되지 않을 수도 있다. 또한 입대 시기에 따라서 다양한 영향을 받을 수 있다. 자신의 목표를 위해 아주 좋은 프로그램들이 있다고 하더라도 신청 기간에 맞추어 신청하지 못하면 의미가 없다.

앞의 1장 '군 입대를 위한 넓고 얕은 지식'의 '군대 조직의 특성'에서도 이야기했듯, 아무리 헌법에 보장된 권리라도 '군사적 직무의 필요성의 범위'에서는 기본권을 제약을 받을 수 있다. 그렇기 때문에 부대 일정에 따라 계획에 오차가 생길 수도 있다. 이런 이유들 때문에 입대 전이 아닌 입대 후에 목표를 정해야 하는 것이다.

군 생활의 장점

1년 6개월의 시간 동안 자기 개발을 하라는 말이 쉬운 것 같지만, 세 시간도 되지 않는 개인 정비 시간을 자신의 미래를 위해서 사용한다는 것이 참 쉽지 않다. 어쩌면 잠을 자기 전 '내일은 달라져야지' 다짐을 하지만 3일도 되지 않아 다시 돌아오는 것처럼, 후회 없는 군 생활을 하리라 다짐하고는 이내 마음이 약해져 '에이, 군대에서 해 봤자 뭐 하겠어. 이렇게 애매하게 공부할 바에는 그냥 나가서 열심히 하자.'라고 생각하지 않았으면 좋겠다.

그래서 이제부터 영내에서 자신의 목표를 빨리 찾기 위해서 도움이 되는 구체적인 방법들을 소개하고자 한다. 우선은 그에 앞서,

전역하고도 후회하지 않으려면

영내 생활의 장점들을 먼저 소개하면서 자기 개발을 이어 나가길 소망하겠다.

영내 생활의 첫 번째 장점은 그 자체로 '군인'의 장점이기도 한데 온전히 나에게 집중할 수 있다는 것이다. 개인의 건강을 의무적으로 지켜야 하는 몇 안 되는 직업이며 다른 직업들의 핵심 가치와 다르게 부대의 가장 큰 자산이자 전투력의 핵심은 지식이나 기술이 아닌, 각 개개인의 전투력이다. 개인의 발전이 곧 부대의 발전으로 연결되기 때문에 자기 자신에게 오롯이 집중할 수 있는 것이다.

두 번째 영내 생활의 장점은 국가에서 강제한 546일간의 '내 인생의 방향에 있어 멈춤의 시간'이라는 것이다. 노무현·이명박·박근혜 정부를 거치며 단계적으로 복무 기간을 단축해 왔다. 문재인 정부의 '국방개혁 2.0'을 통해 현재 육군 18개월, 해군 20개월, 공군 21개월로 단축되었지만, 여전히 장병들은 긴 시간에 힘들어하며 두려워한다. 하지만 다시 생각해 보면 사회에서 벗어난 546일간의 이유 있는 도피다. 또한 어떻게 시간을 보내든 546일이 지나야 한다는 사실은 개인의 책임 또한 덜어 낼 수 있다. 입대하기 전 여태껏 시간이 없다는 핑계로 미뤄 왔던 숙제들을 해결할 수 있는 좋은 시간이 생기는 것이다.

영내 생활의 세 번째 장점은, 간부를 제외한 그 누구도 군 복무를 하는 군인에게 간섭을 하지 않는다는 점이다. 군인이 되면 주말에 하루 종일 침대에 누워 핸드폰을 보더라도, 군것질에 돈을 많이 쓰더라도, 부정적인 이야기를 늘어놓아도 가족, 친구, 친척들을 포함해서 그 누구도 행동에 책임을 물으려 하거나, 관여, 간섭하지 않는다. 특히 자신의 행동에 대한 선택에 있어서 본인의 의사가 결정권을 가진다. 만약 사회에서 자신의 행동에 관여를 하는 사람들 때문에 스트레스를 받았다면 이것이 큰 장점이 될 것이다. 국가에서 강제로 만들어 주는 이런 시간을 버리고 왜 굳이 사회에 나가서 자신의 목표를 정하려고 하는가?

진로를 찾는 방법

▼
▲

진로를 찾기가 어려운 이유

지금까지 목표를 정하는 것이 왜 중요한지에 대해 배워 보았다. 하지만 이게 좀처럼 쉬운 문제가 아니다.

이유는 크게 두 가지인데, 첫 번째는 상황의 한계 때문이다. 목표를 찾으라는 것은 알겠지만, 우리의 행선지는 직업 학교나 도서관이 아니라 군대다. 그래서 현실적으로 부대의 여건으로 한계에 부딪칠 수 있고, 만약 자대에 배치 된 지 얼마 되지 않았다면 누구에게 어떻게 도움을 받아야 할지가 막막할 것이다.

두 번째 문제는 방법의 문제다. 목표를 정한다고 마음을 먹었지만 사실 어디서부터 시작해야 할지 잘 모른다. 그렇기 때문에 과거로부터 내가 흥미를 가졌었거나 희망했던 진로가 무엇이었는지, 왜 그랬는지, 내가 우선시하는 직업의 가치는 '사명감, 안정도, 보수, 전문성, 성취감, 사회적 평판' 중 무엇인지 스스로 고민을 하다 보면 생각보다 힘든 시간의 연속이라는 것을 알게 될 것이다. 과거에 나 스스로가 내린 선택에서도 매력을 느꼈던 가치들끼리 상충되는 것이 느껴지면서, 해결책을 찾기가 쉽지 않을 것이다. '그냥 내 머릿속을 컴퓨터로 분석해서 내가 가장 잘할 수 있는 직업을 찾아 주면 얼마나 좋을까?' 하는 의미 없는 생각이 들기도 할 것이다. 결국 그냥 누워서 '나의 목표는 무엇일까?' 생각만 하는 시간이 길어지면 길어질수록 효율적이지 않은 시간에 짜증이 나서 고민하기를 포기하게 될 것이다. 그래서 지금부터는 영내 생활을 하면서 자신의 목표를 효과적으로 찾기 위해서 구체적으로 무엇들을 해야 할지에 대해 배워 보겠다.

혼자서만 하려고 하지 마라

"남들의 이목은 상관없어요."

"사진작가가 되면 돈은 못 벌겠죠. 하지만 저는 행복할 거예요. 지금까지 착한 아들이었잖아요. 한 번만 제가 원하는 걸 하게 해 주세요."

전역하고도 후회하지 않으려면

"네 인생을 살거라."

위의 대사들은 영화 〈세 얼간이〉에서 파르한Farhan이, 자신이 공학자가 되길 원하는 아버지에게 사진작가가 되고 싶다고 설득하는 장면에서 나왔던 대사들이다. 영화에서도 강조하는 것처럼, 현실의 무게 때문에 누군가가 정해 준 대로 인생을 살지 않고 내 꿈을 향해 나아가는 인생을 사는 것이 이상적이라는 생각은 이제 너무 당연한 것이 되었다.

인터넷 커뮤니티들도 이를 잘 보여 주고 있다. 어떤 커뮤니티에서든 '진로'에 관한 정보를 검색해 보아라. 그럼 '내가 잘하는 일'과 '내가 좋아하는 일' 두 가지 이야기로 이루어져 있는 것을 볼 수 있다. 그리고 이런 논쟁은 대부분은 '좋아하는 일'에 무게가 잡혀 있다. 그래서 그런지 '진로만큼은 내가 스스로 정해야지'하는 생각이 강한 것 같다.

하지만 앞서 밝혔듯이 스스로 자신의 진로를 정하는 것은 막막함과의 싸움이고, 확실한 것은 아무것도 없다. 그래서 현실적으로 진로를 찾기 위해서 가장 먼저 가져야 하는 생각은, 나의 직로에 대한 문제를 혼자서만 해결하려고 하지 않는 것이다. 그렇다고 자신의 진로를 전적으로 자신이 결정하는 게 아니라는 말은 아니다.

무슨 이야기인지 구체적으로 이야기하자면, 진로를 정하기 위해서는 중요한 두 가지의 정보가 필요하다. 자신의 능력과 흥미다. 자신의 능력은 본인이 쉽게 결단을 내릴 수 없지만 흥미라면 가능하다. 즉 스스로는 흥미에 관한 것만 결정하면 된다. 그러니 진로에 대해서 혼자서만 모든 것을 하려고 하지 마라.

능력 알아보기

능력을 알아보기 위해 선택할 수 있는 가장 좋은 방법을 소개하고자 한다. 최고의 방법이라고 확신할 수는 없지만, 필자 개인적으로 경험했던 좋은 방법이다.

바로 자신의 진로 결정에 대한 객관적이고 전문적인 검사를 받아 보는 것이다. 하지만 이 또한 간단하게 생각하기에는 유형에 따라 진로에 관한 검사들이 워낙 많으며, '매우 그렇다, 그렇다, 보통이다, 그렇지 않다, 매우 그렇지 않다' 식의 오지선다형 답변의 형식이 많다. 그렇기 때문에 고작 한 시간에서 한 시간 30분 사이의 정확하지 않은 검사에 내 진로 결정을 맡기기에는 신뢰성이 떨어지는 것이 사실이다. 막상 결과를 보더라도 많고 많은 직업들 중에서 구체적으로 어떤 직업과 가깝다는 결과보다 '자신의 흥미 코드' 현실형, 탐구형, 예술형, 사회형, 진취형, 관습형 등 전문가의 해석이 필요한 점수들은 결국 제자리걸음이 될 뿐이다.

그래서 개인적으로 추천하는 방법은 워크넷의 〈성인용 직업 적성 검사〉를 실시해 보는 것이다. 문제의 답이 없는 오지선다형의 형식이 아닌 '언어력, 수리력, 추리력, 공간 지각력, 사물 지각력, 상황 판단력, 기계 능력, 집중력, 색채 지각력, 문제 해결 능력, 사고 유창력'등 각 적성 요인을 알아보는 적성 고사식의 문제로 되어 있다. 따라서 '흥미'보다 능력에 따라 점수가 매겨지며, 마지막으로는 자신의 적성과 어떤 직업이 맞는지를 순위별로 소개해 준다는 점에서 큰 장점을 가진다. 또한 원래 희망했던 진로의 직업을 가진 사람들과 나의 능력을 비교해 볼 수도 있다.

검색창에 '워크넷'를 검색한 뒤 메뉴창에서 '직업, 진로'를 선택한다. 그리고 '성인용 직업 심리 검사 실시'에 들어가 가장 아래쪽에 위치한 '성인용 직업 심리 검사(80분)'을 실시하면 된다. 하지만 이런 방식에 불만을 가지는 독자도 존재할 수 있다. 내 가슴이 시키는 일이라면, 내가 좋아하는 일이라면 능력이 어떻게 되든 간에 도전해야 하지 않겠냐고, 능력은 노력해서 성취하면 되는 거지 쉬운 길을 택하려고만 하다가 결국 나중에 후회한다고 생각할 수도 있겠다.

그런 독자들을 위해 만화 〈닥터 프로스트〉의 작가인 이종범 작가가 ize.co.kr에 연재한 글 중 「좋아하는 일을 직업으로 삼는다는 것」의 일부를 소개하고 싶다.

    좋아하는 일은 즐겁게 하면 된다. 그러나 직업은 잘해야 한다. 그래야 누군가에게서 먹고 살 돈을 받을 수 있다. 잘하기 위해서는 나름 준비하고 노력해야 하는 과정들이 있다. 그러나 당연하게도 그런 과정은 고통스럽다. 우리 모두 그걸 알고 있다. 준비만 고통스러운 게 아니다. 운 좋게 직업인으로 데뷔를 한다 해도 시간이 흐를수록 버티기 어려운 각종 허들이 밀려온다. 독자의 반응이, 마감의 무게가, 가끔씩 등장하는 더 재미난 일들이 밀려온다. 심지어 내가 만든 결과물이 형편없어 보이는 순간도 많다. 자신감은 추락하고 의욕도 사라진다. 거의 매일 그렇다. 이쯤 되면 원래 좋아했던 일이 싫어지기 시작한다. 그러니까, 좋아하는 일을 직업으로 삼으려거든 가급적, '가장'좋아하는 일, 진짜로 정말 정말 너무 좋아하는 일이길 바란다. 그걸 어떻게 알 수 있느냐. 나도 그걸 알아보기 위해서 습관처럼 자신에게 질문했던 기억이 난다. "왜 하필 만화야?"처음엔 단순한 대답이 나온다. 재밌으니까. 그저 좋으니까. 하지만 중요한 건 그런 질문을 계속하는 것이다. 다른 건 재미없어? 저것도 재밌잖아. 그런데 왜 꼭 이거야? 음… 이걸 더 잘하니까? 그럼 만약 이걸 못하면 안 할 거야? 더 잘하는 게 생기면? 그걸 할 거야? 아니면 더 잘하는 사람이 나오면? 관둘 거야?[1]

흥미를 알아보기

좋아하는 일을 잘한다면 그야말로 최고겠지만 현실은 그렇지 않을 수도 있다. 그렇기 때문에 본인의 능력을 알아내는 것은 정말 중요하다. 흥미만큼이나 능력도 중요하다. 나의 능력까지 알아보았다면 흥미를 결정하는 것은 생각보다 복잡한 과정을 거칠 필요는 없다. 검사의 결과를 토대로 나에게 맞는 직업들이 소개되었다면 그것들 중 내가 해 보고 싶거나 흥미가 있는 직업들을 메모장이나 노트에 적어 보자. 마음에 드는 것이 없다면 흥미라도 있는 직업을 적고 그 직업을 '워크넷'이나 '커리어넷'에서 검색하면 비슷한 직업군들을 소개해 줄 것이다.

이제 이렇게 적은 직업군에 대해서 알아볼 시간이다. 운이 좋게도 미디어가 발전된 요즘은 직업에 대한 사실적인 소개가 정말 많다. 그렇기 때문에 직업군에 대한 사실적인 정보를 찾는 게 그렇게 어렵지 않을 것이다. 적어도 내가 어떤 직업을 가지겠다는 생각만

---

1) 이종범, 「좋아하는 일을 직업으로 삼는다는 것」, 아이즈ize, 2013년 10월 24일, https://www.ize.co.kr/news/articleView.html?idxno=30371

있다면 가족의 친구, 지인의 친구, 등 주변 사람들 중 비슷한 직업군을 가진 사람과 통화를 해 볼 수도 있고, 인터뷰를 해 보는 것도 좋은 방법이다.

이렇게 알아본 직업들 중 가장 괜찮은 진로를 선택하면 된다. 물론 이것이 최고의 방법이라고는 할 수 없을 것이다. 당연히 가장 좋은 방법은 다양한 경험을 직접 해 보면서 자신의 흥미와 진로를 찾는 것이다. 하지만 영내 생활을 하면서 진로를 찾기 위한 다양한 경험을 하기에는 한계가 있다. 그러니 미안한 말이지만 이 방법으로도 자신의 진로를 찾지 못할 수도 있다. 하지만 개인적으로 영내 생활을 하면서 여러 가지로 시도해 보고 방황하면서 최종적으로 찾아낸 방법들이다. 그러니 확실히 도움이 된다고 자부할 수 있다. 또한 위의 방법들에 걸리는 시간을 전부 합쳐 봐야 고작 세 시간도 걸리지 않으니 평일이든 휴일이든 하루 날을 잡고 시도해 봤으면 좋겠다.

그래도 정하지 못했다면

만약 할 수 있는 모든 방법을 사용했는데도 여전히 자신의 진로를 결정하지 못했다면, 그래도 너무 낙심하지는 마라.

전역하고도 후회하지 않으려면

만약에 그럴 경우 직업 상담 전문가 혹은 진로 전문가를 찾아가는 것을 추천한다. 빠른 휴가 때나 인터넷, 전화 등으로 전문가와의 상담을 통해 본인의 진로 결정에 대한 도움을 받으면 된다. 개인적으로는 부대 내 '취업 상담관'을 찾아가는 것을 추천한다. 부대 내 취업 상담관은 권역별로 담당 부대가 나뉘어져 있기 때문에 전 부대에 배치되어 있다. '1부대 1 상담관'은 아니지만 담당이 없는 부대는 없다. 무엇보다 부대의 복잡한 행정 절차와 보고를 최소화할 수 있으며 가장 가깝기 때문이다.

또한 국방전직교육원에서 시행하는 '진로 도움 프로그램 일대일 취업' 상담도 개인적으로 추천하는 프로그램이다. 전문가와 함께 전문적인 방법으로 본인의 진로를 찾다 보면 금방 본인의 진로를 찾을 수 있을 것이다.

간부와의 면담

지금까지 자신의 진로를 정하기 위해서 중요한 두 가지, '능력'과 '흥미'에 대해 알아보는 방법에 대해서 배워 보았다. 진로를 정하는 과정은 과거, 현재, 미래를 모두 생각한다는 점에 있어서 굉장히 극적인 에피소드가 된다. 그래서 만약 진로를 정하는 데 성공했다면 모든 것이 해결된 것같이 가슴이 충만해질 것이다. 하지만 진로를 정하는 것은 정말 방향을 정한 것에 불과하다. 이 책의 초중반까지는 '목표'를 찾아야 한다고 적고, 중반 이후에 접어들면서는 '진로'를 찾아야 한다고 바꿔 적은 이유도 그 때문이다. '목표'라는 말을 '진로'라는 말에 국한시키고 싶지 않았기 때문이다. '진로'라고 하면 진로를 결정하는 과정까지가 중요하지만 '목표'라는 말을 쓰면 '진로'를 결정한 이후도 중요해지기 때문이다.

진로 결정에서 끝이 나면 안 된다. 이제부터는 자신의 '진로'를 위해 '목표'를 정해야 할 때다.

간부들과의 면담은 앞으로의 '목표'를 정하는 데 있어 꼭 할 필요는 없지만 밑져야 본전인 '남는 장사'다. 우선 간부들은 입대한 장병이 20대 초반이라는 가정하에 하사나 소위가 아니고서야 대부분 꽤 나이차이가 날 것이다. 때문에 생활관이나 복도에서 마주치는 동기나 친구, 선배들보다 인생에 대한 고민에 더 깊은 답변을 해줄 수 있다. 특히 면담을 진행하는 간부가 재입대를 했거나, 사회에서 일을 한 경험이 있거나, 자기 개발을 열심히 하는 분이라면 굉장한 도움이 될 것이다. 또한 앞 장의 베스트 장병과 워스트 장병의 차이에서 밝혔듯이 간부의 입장에서 확실한 진로를 가진 장병들이 기억되기 쉽고 계속 눈에 밟힌다. 그러니 장병에게 도움이 되는 프로그램이나 사업에 대한 공문이 올라왔을 때 그 장병을 도와주기가 쉬워진다.

영내 생활을 하다 보면 군인의 취업이나 진로를 지원을 해 주는 지원 사업이 꽤 많은데 이에 대한 소식을 접하고 활용하는 장병의 수가 적은 것이 현실이다. 그래서 아쉽게도 좋은 기회를 놓치기가 쉬운데, 이런 문제를 방지할 수 있다. 그리고 직업에 대한 소개를 전문적으로 하는 사이트의 경우 생각보다 한 직업에 대해 구체적으로 밝혀 주지 않고 비슷한 직업군끼리 뭉뚱그려서 애매하게 표현해 주기 때문에 인터넷보다 훨씬 도움이 된다. 실제로 2015년도부터 지인 추천 기반 채용 서비스로 시작한 회사로 현재 아시아 5개국에서 약 150만 명의 유저와 8,000개의 기업을 매칭한 회사 원티드Wanted의 이복기 대표는, 서울시에서 진행되었던 성공한 취업생과 실패한 취업생에 대한 연구 결과를 소개했다. 성공한 취업생은 자신이 생각하는 가장 중요한 정보 채널이 선배, 지인을 통한 정보였지만 실패한 취업생들은 인터넷이었다. 어쩌면 간부님의 지인 중 나의 진로와 비슷한 일을 하는 사람을 소개시켜 줄 수도 있다, 그러니 간부와의 면담은 밀겨야 본전인 남는 장사다.

현재를 위한 노력과 행복

장병들 중 대다수가 18개월을 잃어버리는 시간이라고 정의하고 헛되이 보낸다고 말했지만, 영내 생활을 하다 보면 자신의 게으름에서 벗어나고자 자기 개발을 하게 되는 기간 역시 누구에게나 찾아온다. 하지만 이런 기간을 보낼 때 그저 자신의 모습에 심취하지 말았으면 좋겠다. 그런 시기가 오면 보통 토익을 공부하거나 독서를 하거나 컴퓨터 활용 자격증 공부를 하거나 한국사 공부를 하거나 수능 공부를 다시 한다. 그중 몇 명은 정말 열심히 노력한다. 하지만 놀랍게도 이런 장병들과 얘기를 해 보면 구체적인 목표가 없이 불안한 마음에 '해 놓으면 좋으니까'라는 태도인 경우가 많다. 만약 내가 목표로 하는 진로가 한국사, 컴활 자격증, 토익 점수를 필요로 하지 않는다면? 건강한 헛수고를 하는 것이다, 많은 장병들이 18개월을 그냥 잃어버린다고 생각하며 보낸다. 그중 소수는 하루하루 아쉽지 않게 보내기 위해 자기 개발을 하지만, 그중 더 소수만이 자신의 목표를 가지고 그 목표에 맞추어 자기 개발을 한다.

나 역시도 마치 과식을 하고 그 죄책감을 없애기 위해 집까지 뛰어가는 것처럼 현재의 조급한 마음을 없애기 위해서 그냥 바쁘게 살아 봤다. 바쁘게 움직일 때는 내 스스로가 뿌듯했지만 막상 자려고 누우면 조급한 마음은 다시 나를 찾아왔다. 돌아보면 남은 것이 아무것도 없었다. 목표를 가지게 되니 무엇보다 가슴이 충만해졌다. 단순히 목표를 가졌을 뿐이었는데 매일 먹던 밥도, 매일 자던 내 생활관도 매일 보던 부대의 풍경도 다 달라 보였다. 무엇보다도 내 꿈을 위해 하루하루 전진하고 있다는 생각이 매일 밤 편안하게 잠에 들게 해 주었다. 그래서 영내 생활을 하면서 꼭 '목표'를 가졌으면 좋겠다. 또한 목표를 가지면 좋은 점은 남들과 같은 환경이지만 남들보다 행복해진다. 열정을 가질 수 있는 사람이 행복할 수 있다. 군 생활을 후회하지 않는 두 번째 단추는 '목표'다.

자기 개발을 하라

⋎
⋏

군대를 이용해라

안 하면 손해다.

2022년 국방부는 '장병내일준비적금 사업'으로 2,190억 원이라는 천문학적인 국방 예산이 투입되는 사업을 추진했다. 이 외에도 국방부는 장병의 자기 개발을 위해서 많은 사업을 진행하고 있다. 모두를 합치면 엄청난 규모의 예산이 장병들의 자기 개발을 위해서만 사용되고 있는 것이다. 하지만 이런 사업의 대부분이 희망과 신청을 전제로 하고 있기 때문에 미리 알고 신청하지 않으면 좋은 지원 사업들의 혜택을 전부 받지 못할 수도 있다. 하지만 군 네트워크를 다루지 않는 일반 장병들에게 이런 사업들의 정보를 얻는다는 것은 현실적으로 너무 어렵다.

결국 간부들의 기민한 노력이 필요한데, 개인적인 경험으로 비추어 봤을 때 간부들도 많은 사업들을 일일이 다 알지 못하고 장병들에게 소개해 주기도 어렵다. 그렇기 때문에 어쩔 수 없이 그저 정보를 어떻게든 얻어 내는 것이 중요하다. 이번 장에서는 영내 생활을 하면서 하지 않으면 손해인 육군에서 지원해 주는 지원 프로그램들을 소개하겠다. 들어가기에 앞서 이런 사업들에 대한 영내 생활에서의 자기 개발에 대해 내가 인터뷰를 했던 간부 중 한 분이 남긴 좋은 이야기가 있어 소개하고 싶다.

"군대에 끌려오지 마라. 끌려왔다고 생각하지 마라. 아까운 청춘의 시간을 군대에 이용당하지 마라. 아까운 청춘을 위해 군대를 이용해라. 특히 요즘 같은 시기에는 과거에 비해 복지가 정말 잘되어 있기 때문에 좋은 기회다."

상병, 병장 때는 이미 늦는다

"입대와 동시에 전역을 준비하라."

우리 부대에서 장병들의 자기 개발에 신경을 많이 써 주시던 간부님이 해 주셨던 말이다. 멋진 말이지만 이미 군 생활을 했던 전역 장병이라면 입대와 동시에 전역을 준비하는 것이 현실적으로 어렵다고 생각할지도 모르겠다. 왜냐하면 군대는 계급 사회인데 부대에 적응하기도 전에 선임병들이나 간부님들에게 자기 개발부터 시작하는 모습을 보여주면 분명 좋지 못한 이미지를 남길 것이라고 생각하기 때문이다.

나도 부대에 처음 왔을 때 선임들에게 "자기 개발을 할 거면 상병은 되고 나서 시작해라."라는 소리를 몇 번 들었었다. 그래서 많은 장병들이 일등병 당시까지는 눈치를 보며 원하는 자기 개발을 하지 못하는 경우가 있다, 하지만 이미 거쳐 본 입장에서 선임들의 말대로 상병, 병장 때부터 자기 개발을 준비하면 늦는다. 그래서 전역을 하는 병장들의 전역 소감에서 자주 등장하는 문장이 "길었다, 고생해라." 다음으로 "너희들은 꼭 미리 전역을 준비해라."라는 것이다. 그러니 독자 중 상병, 병장 때부터 자기 개발을 시작하겠다고 생각하는 사람이 있다면 생각을 바꾸면 좋겠다.

들어가기에 앞서 주의해야 할 사항이 있다. 이 책에서 소개하는 군 장병 자기 개발에 대한 지원 사업들과 그 내용들은 이 책을 쓰고 있는 2022년을 기준으로 설명하고 있다는 점이다. 이 점을 확실히 밝혀 두고자 한다. 2022년 이후에 특정 사업이 축소될지 확대될지 없어질지 모르겠지만, 2022년 현재의 기점으로 2021년, 2020년의 사업과 비교해 봤을 때 대부분의 사업들은 그 세부 내용

전역하고도 후회하지 않으려면

이 조금씩 바뀌었을지언정 완전히 폐지되는 경우는 드물다. 그러니 만약 2022년 이후 이 책을 읽는 장병이라면 각 사업의 세부 사항을 한 번 더 알아보길 바란다.

국가 기술 자격증

소개

11월 둘째 주, 그날은 오후 일과로 전투 사격을 하러 갔던 날이었다. 당시 나의 계급은 상병 3호봉으로, 그때 나의 가장 큰 고민은 하루하루 느껴지던 허탈함이었다. 매일을 스마트폰과 운동, 독서만 생각하며 살았는데 그것들이 재미없어졌다. 나도 미래를 위해, 아니 미래를 위해서가 아니더라도 무언가 열정을 가지고 살고 싶었는데, 당시의 나는 아무런 정보도 알지 못했다. 그렇기 때문에 무엇을 해야 할지 모르고 매일매일을 머릿속에서 합리화를 하면서 보내고 있었다. 그런 상황에서 아직 사격을 실시하지 않은 사격 예비자들을 인솔해 주시던 인솔 간부님이 이런 말을 하셨다.

"요즘 장병들은 도대체 자기 개발을 안 해. 얼마나 좋은 프로그램이 많은데."

그날 그 간부님이 예로 들었던 프로그램이 바로 국가 기술 자격증이었다. 그 말은 내 뇌리에 꽂혔고, 사격 훈련이 끝나고 주말이 지났을 때 나는 전투 사격을 한 날의 인솔 간부님을 찾아가서 구체적인 설명을 들었다. 가장 먼저 소개하고 싶은 사업은 바로 국가 기술 자격증 지원 사업이다. 안타깝게도 나는 입대하고 10개월이 지나서야 국가 기술 자격증 지원 사업에 대해 알게 되었다.

국방부에서는 21년 기준 육군 60개 종목(산업기사 15개, 기능사 45개), 해군 60개 종목(산업기사 15개, 기능사 45개), 공군 50개 종목(산업기사 13개, 기능사 37개)의 자격증을 직무 수행 분야 및 개인, 전공, 적성, 취업과 관련 군내 국가 기술 자격 취득 지원을 통해 장병의 생애 직업 능력 개발 여건을 보장하고 있다.

군 기술 인력 양성과 국가 기술 자격 취득을 적극 추진하고 있습니다.

정밀 무기 체계 및 첨단 과학 장비를 보유하고 있는 군은 이를 운용할 수 있는 기술 인력을 양성하기 위해 다양한 특기를 부여하고 특기별 기술 교육을 통해 자체 자격을 부여해 왔습니다. 또한 국가 기술 자격 법령에 따라 검정 권한을 위탁받아 군에서 국가 기술 자격 검정을 연중 실시하고 있으며, 고용노동부, 한국산업인력공단 등 관계 부처·기관과 협의를 거쳐 국가 기술 자격 필기시험의 면제가 가능한 군 교육 훈련 과정 추가, 국가 기술 자격 직무 분야별 군 경력 인정 범위 확대 등을 추진하는 한편 개인별 선호하는 자격 취득 지원을 위해 각종 학습 콘텐츠를 제공하고 있습니다. 향후에도 군 복무 중 자격을 취득할 수 있는 제반 여건을 지속 확충하여 장병 취업 여건 개선과 군 전투력 향상에 기여할 계획입니다.

_국방부 장병 복지 정책 국가 기술 자격증 지원 소개

어떻게 신청하는가?

보통 국가 기술 자격증 시험은 전반기와 후반기로 나뉘어서 신청을 받는다. 기술 자격시험은 1차 필기시험과 2차 실기시험으로 나뉘어 있으며 1차 필기시험을 합격한 사람들만 2차 실기시험을 응시할 자격이 주어진다. 그렇기 때문에 분기—여기서 분기는 일반적인 3개월의 단위가 아니다—를 단위로 진행된다. 즉 한번 놓치게 되면 다시 신청하기 위해 기다리는 시간이 길다는 것이다. 즉 제시간에 미리 아는 것이 정말 중요하다. 꽤 유명한 사업이니 간부들에게 찾아가 정해진 신청 기간에 맞추면 다행히 신청 방법은 어렵지 않은데 간단한 인적 사항 등만 있으면 쉽게 신청이 가능하다.

개인적인 유용한 정보들

독자 중 혹시 국가 기술 자격증 시험에 대해 관심을 가질 독자들을 위해서 국가 기술 자격증 시험을 직접 경험한 입장으로서 경험으로 알게 된 유용한 정보들을 알려 주겠다. 나는 2022년 전반기 국가 기술 자격증 '전기기능사' 시험에 응시하였고 필기시험에 합격하였지만 2차 실기시험이 시작되기 전에 전역을 하게 되어 실기는 사회에 나와서 보게 되었다.

먼저 과목을 정하는 방법부터 시작하겠다. 과목을 정하는 방법은 크게 세 가지다. 개인적인 흥미도 중요하겠지만 여기서 현실적인 문제가 발생한다. 실기시험 집체 교육을 주최하는 장소가 그 문제이다. 만약 실기시험 집체 교육을 주최하는 장소가 부대에서 멀다면 현실적으로 제한되는 상황이 생길 수 있다. 때문에 먼저 실기시험 집체 교육을 주최하는 장소를 확인하는 것이 중요하다. 두 번째로 만약 특수 목적을 위한 차량의 자격증을 따고 싶다면 작은 차부터 시작하는 것이 좋다. 차가 커질수록 실기시험의 난이도가 높아지기 때문이다. 그래서 작은 차부터 천천히 감을 잡는 것이 좋다. 세 번째로 부대에 자격증 취득에 적극적인 간부나 장병들이 있다면 그 경험을 구하는 것이다. 인문계의 고등학교를 졸업한 장병이라면 기술 자격증에는 별로 아는 것이 없겠지만 실업계 고등학교를 졸업

전역하고도 후회하지 않으려면

한 장병이라면 기술 자격증에 능통하다. 그래서 가끔씩 새로 전입을 오는 신병들 중 몇 가지 자격증을 가지고 있는 장병들이 있는데 이런 장병들에게 개인적인 의견을 묻거나 본인이 흥미가 있는 과목의 자격증이 있는 간부에게 도움을 받을 수도 있다.

다음으로 기술 자격증의 분류인 '기능사' 시험과 '산업기사' 시험의 차이에 대해서다. 보통 국가 기술 자격증 시험은 크게 두 가지로 나뉘는데 뒤에 '기능사'가 붙거나 '산업기사'가 붙거나다. 여기서 '기능사'란 전공이나 경력에 관련 없이 필기시험과 실기시험만 합격하면 자격증을 취득할 수 있지만 '산업기사'는 기능사 등급 이상의 자격을 취득한 후 응시하려는 종목이 속하는 동일 및 유사 직무 분야에서 1년 이상 실무에 종사한 사람, 관련 학과의 2년제 또는 3년제 전문대학 졸업자 등 또는 그 졸업 예정자, 관련 학과의 대학 졸업자 등 또는 그 졸업 예정자, 동일 및 유사 직무 분야의 산업기사 수준 기술훈련 과정 이수자 또는 그 이수예정자, 응시하려는 종목이 속하는 동일 및 유사 직무 분야에서 2년 이상 실무에 종사한 사람, 고용노동부령으로 정하는 기능경기대회 입상자, 외국에서 동일한 종목에 해당하는 자격을 취득한 사람이다. 더 나아가 '기사'는 산업기사 등급 이상의 자격을 취득한 후 응시하려는 종목이 속하는 동일 및 유사 직무 분야에서 1년 이상 실무에 종사한 사람, 기능사 자격을 취득한 후 응시하려는 종목이 속하는 동일 및 유사 직무 분야에서 3년 이상 직무 실무에 종사한 사람, 응시하려는 종목이 속하는 동일 및 유사 직무 분야의 다른 종목의 기사 등급 이상의 자격을 취득한 사람 관련 학과의 대학 졸업자 등이어야지만 시험에 응시할 수 있다.

어떤 장병들은 '기사' 시험에 응시할 수 있겠지만 대부분의 장병들은 '기능사' 시험에 도전을 할 것이라 믿겠다. '기능사' 시험은 과목에 따라서 달라질 수도 있겠지만 매년 비슷한 문제들로 출제가 되는 경향이 있다. 그렇기 때문에 '문제' 위주의 공부를 하는 것을 추천한다. 그리고 이것은 주관적인 입장이지만 국방부에서 주관하는 국가 기술 자격증 시험의 난이도는 같은 기술검정원에서 출제되는 문제임에도 난이도가 높게 출제가 된다. 그러니 국방부 주관 시험이라고 해서 방심하지 말았으면 좋겠다.

세 번째로 시험 일정이 가까워졌을 때 실제 시험을 위한 정보들을 소개하겠다. 현실적으로 만약 부대 간부가 국가 기술 자격시험 필기 응시 학생들을 위한 자료들을 제 시간에 확인해주지 않았다면 장병들의 입장에서 국가 기술 자격증 안내 자료들을 숙지하지 못할 수도 있다. 그러니 시험이 일주일 정도 전으로 다가오면 간부에게 건의해 자료들을 확인하길 바란다. 이어서 시험 전 반드시 챙겨야 할 준비물은 크게 신분증(국가가 공인한 신분증), 수험표(필기시험), 건강문진표(코로나 19)다. 신분증은 본인이 챙기면 되겠지만 담당 간부가 수험표를 깜빡하고 인쇄하지 못했다면 본인 응시번호만 있다면 수험표를 인쇄할 수 있으니 꼭 지참하길 바란다. 건강문진표는 코로나 19의 문제로 온도측정, 확진유무, PCR 검사 기간 등을 조사하고 각 부대 의무관님의 수기 사인을 받도록 되어 있으니 전날 의무대를 방문하기를 바란다.

마지막으로 국방부에서 주관하는 필기시험의 특징 중 하나는 문제출제가 컴퓨터를 이용해 문제가 출제되는 방식인 CBTComputer Based Test 방식이 아닌 OMR 카드와 종이 시험지로 이루어져 있다는 점이다. 그러니 컴퓨터용 사인펜을 지참하고 가야 한다. 또한 만약 필자의 경우처럼 필기만 합격하고 실기를 응시하지 못했다면? 걱정하지 마라. 필기를 합격한 상태라면 전역하고도 필기 합격 자격이 그대로 유지가 되기 때문에 실기시험은 사회에서 보면 된다. 이상으로 국가 기술 자격증을 준비하는 장병들을 위한 유용한 정보들을 소개하였다. 하지만 가장 중요한 것은 출제 운이 아닌 개인의 공부이다. 보통 '기능사' 시험은 하루에 2~3시간 씩 4개월 정도만 공부하면 충분히 합격할 수 있으니 꼭 열심히 공부해서 취득하길 기대하겠다.

독서

진중문고

두 번째로 영내 생활을 하면서 하지 않으면 손해인 국방부에서 지원해 주는 지원 프로그램은 '독서'다. 우선 국방부에서는 '진중문고'라는 사업을 통해 장병들의 교양을 증진하는 것을 지원해 주고 있다. '진중문고'란 부대마다 배치된 보급용 서적으로 장병의 정서 함양과 교양 증진을 목적으로 각 군으로 보급된 도서들을 칭한다. '진중문고'는 부대에 따라서 일반 학교 도서관보다도 그 규모가 큰데, 교양서, 자기 개발서, 에세이, 시집, 소설뿐 아니라 인문·사회, 종교, 사회과학, 자연과학 등 다양한 영역에서 책들이 선발되고 있다.

장점

진중문고를 추천하는 이유는 굉장히 많은데, 각 부대의 도서관의 규모에 따라 다르겠지만 우선 책의 양과 질이 정말 좋다는 점이다. 1년에 진중문고로 채택되는 서적만 해도 약 56권에 달한다. 그리고 진중문고를 선정할 때 당시의 베스트셀러들을 반영하기 때문에 단순히 일반 사설 도서관이나 학교 도서관보다 최신 책들이 많이 들어온다. 그리고 그 책들의 질이 정말 좋다. 실제로 부대에서 장병들이 하는 얘기를 소개하자면 "내가 읽고 싶은 책이 있으면 부대 도서관에 간다. 설마 이 책도 있겠어? 하고 찾아보면 신기하게 다 있다." 진중문고를 추천하는 것은 좋은 서적들 때문도 있지만, 개인적으로 군 생활 중 독서를 추천하고 싶은 건, 장병 개인의 집중하는 습관을 만드는 데에도 도움이 되기 때문이다. 사회에서 책을 정말 읽지 않던 장병들도 시간이 남으면 책을 읽는다. 사회에서는 핸드폰을 하면서 시간을 보냈겠지만 영내에서 시간이 남을 때 지금까지 생각만 했던 독서를 실제로 시작하는 장병들이 굉장히 많다. 나와 인터뷰를 진행했던 장병들 중 학업에 흥미를 잘 느끼지 못했던 장병들이 이런 이야기를 많이 했다. 원래 입대하기 전에는 책상에 딱 앉아서 집중하지 못하고 제대로 책을 읽지 못하는 성격이었으며, 몇 명은 책상에 앉으면 졸음부터 쏟아졌다는 것이다. 하지만 군대에 들어오고 나서 독서를 시작하니 책상에 앉아서 짧은 시간이더라도 집중을 할 수 있는 근육을 만들었다고 얘기했다.

영내 생활은 독서의 재미를 알아 가기 더할 나위 없이 좋은 환경이다. 그리고 진중문고는 무엇보다 '공짜'다. 사회에서 책을 한 권 구입하는 데 쓰이는 비용은 보통 1만 원을 가볍게 넘긴다. 그런데 국방부가 직접 골라 주는 질 좋은 책을 공짜로 읽을 수 있다. 얼마나 좋은가?

교보문고 전자도서관 앱

독서에 관련해서 다음으로 소개할 것은 교보문고 전자도서관 앱이다. 대한민국 육군에서는 전자도서관 앱에서 장병들이 무료로 이-북e-book을 이용할 수 있게 지원해 주고 있다. 앱을 이용하는 서적이기 때문에 시간과 장소에 구애를 받지 않고 책을 읽을 수 있다. 또한 전자책이기 때문에 같은 책을 누구나 읽을 수 있고 오디오북, 맘에 드는 문장에 밑줄을 그어 주는 서비스, 책갈피 같은 전자책의 장점을 이용할 수 있다. 교보문고 전자도서관 앱을 사용할 수 있는 방법은 간단한데, 사이트에서 회원가입을 한 후 '교보문고 전자도서관 앱'을 다운받는 것이다. 이후 도서관 검색에서 육군을 검색한 후 원하는 책을 대출받아 무료로 이용하기만 하면 된다.

개인적인 경험

나는 사회에서도 책을 좋아했다. 약속이 있는 날에도 시간이 애매하게 남을 때면 근처에 서점에 들어가서 책을 구경하는 것을 즐겼다.

그래서 부대에 어느 정도 적응을 한 뒤로 진중문고를 적극적으로 이용하게 되었다. 진중문고를 알게 되면서 놀랐던 점은, 입영을 하기 전에도 군대에 도서관이 있다는 정도는 알고 있었는데, 실제로 도서관을 돌아다녀 보니 정말 좋은 책들이 많은 것이었다. 원래 책을 좋아했던 나는 그렇게 최신 도서들이 도서관 책장에 빼곡히 꽂혀져 있는 모습에 정말 행복했었다. 진중문고에 책이 참 많다는 것을 실감하게 된 계기가 있다. 팀 페리스의 『타이탄의 도구들』에서 추천하는 책이 다섯 가지 정도 있었는데, 이 다섯 가지 중 네 가지 책이 부대 도서관에 있었던 것이다. 그 정도로 다양한 책이 구비되어 있다.

또한 입대 전에는 구입하고 싶은 책이 많아 비용이 걱정이 되었고, 돈을 주고 책을 구입하더라도 한 번의 읽기가 끝나면 버리기에는 아깝고 집에 두기에는 공간을 차지한다는 딜레마가 있었다. 하지만 진중문고는 그런 걱정이 없어서 좋았다. 교보문고 전자도서관 앱도 가입하여 사용했는데 무엇보다 부대에 도서관에 없는 책들을 침대에 누워서도 볼 수 있다는 점이 좋았다. 하지만 대출 기간이 3일밖에 되지 않아서 계속해서 대출을 해야 한다는 점이 아쉬웠다. 책을 너무 좋아하는 사람이든 반대로 책을 너무 싫어하던 사람이든, 영내 생활에서 진중문고는 독서를 할 수 있는 더할 나위 없이 좋은 기회가 될 것이다.

운동

소개

이미 영내 생활을 해 본 장병이라면 익숙하겠지만 혹시 장병의 신분으로 정해진 식사를 하지 않으면 어떻게 되는지 아는가? '명령 불복종'의 명목으로 징계를 받을 수 있다. 병 기본 과목 중 '체력'과목에서 '불합격' 점수를 받게 되면 어떻게 되는지 아는가? '체력'과목 때문에 병 기본 점수가 낙제되면 병 기본의 낙제로 외출, 외박, 진급 등의 혜택이 규정에 따라 '매우 정당하게' 통제당할 수 있다. 즉 군인이라는 신분은 국방을 지켜야 하는 위치로서 건강을 지켜야 하는 의무가 존재한다. 즉 영내 생활을 하게 되면 반강제적으로 운동을 해야 할 압박감을 느낀다는 것이다.

장점

이를 반대로 생각하면 군대라는 곳은 운동을 하기에 정말 좋은 환경이라는 것이다. 이에 대해 구체적으로 설명하자면 먼저 영내 생활은 굉장히 규칙적이라는 장점이 있다. 입대 전에 핸드폰을 하느라, 일을 하느라, 생활 패턴이 바뀌면서 잠에 일찍 자고 싶어도 도무지 일찍 자지 못하고 일찍 기상하지 못하던 사람이라면 군대는 가장 강력한 치료제가 될 것이다. 또한 하루 세 번의 식사를 정해진 시간에 먹고 정해진 시간에 일과를 이어 가며 정해진 시간에 취침을 취한다. 일과가 끝나고 잦은 회식이나 음주도 없기 때문에 그냥 군대의 일과에 몸을 맡기기만 하면 건강해질 수밖에 없다. 그래서 뚱뚱했던 장병은 살이 빠지고 말랐던 장병은 살이 찐다.

실제로 입대 전 58킬로그램이었던 내 몸무게도 전역 후 65킬로그램으로 늘어났으며, 키도 약 1~2센티미터가량 커졌다. 또한 입대 전 100킬로그램이 넘었던 내 친구도 전역 때 85킬로그램으로 15킬로그램 정도를 뺐다. 심지어 내 후임 한 명은 입대 전 103킬로그램이었는데 부대에 와서 꾸준히 운동해 75킬로그램으로 무려 28킬로그램로의 체중을 뺐으며, 중간에 멈추지 않고 3킬로미터를 특급 기준으로 달릴 수 있게 되었다.

즉 군대는 운동을 하기 정말 좋은 환경이라는 것이다. 이런 환경 속에서 매일 일과 시간을 제외하고도 군대에서는 일정 시간만큼 체력 단련을 할 시간을 가진다. 앞서 밝혔듯이 궁극적으로 부대의 가장 큰 자산이자 전투력의 핵심은 지식이나 기술에 앞서 각 개개인의 전투력이다. 그래서 온전히 나에게만 집중할 수 있다. 만약 나의 목적이 '체력 증진'보다 '근육량의 증가'에 있다면? 그래도 걱정 없다. 물론 각 부대의 체력 단련장의 규모에 따라 다르겠지만 사회의 유료 체육 시설의 운동 기구들을 무료로 이용할 수 있으며 통상적으로 각 생활관 당 한 명씩은 입대 전부터 운동을 오래 해 온 인원들이 있으니 이런 전우들에게 운동을 배우면 된다. 만약 이런 전우들이 귀찮아할까 봐 걱정이라면 걱정할 필요 없다. 운동을 배우고 싶다고 부탁하면 신나서 알려줄 것이다. 운동 시설을 무료로 이용하면서, 개인 운동 과외까지 공짜로 받을 수 있는 것이다.

그리고 무엇보다 이렇게 나의 몸을 변화시키는 시간들이 어차피 의무적으로 겪어야 할 나의 영내에서의 시간들이라는 것이다. 좋은 몸을 만들 계획이라면 왜 굳이 전역 후 아까운 시간을 쪼개 가면서 힘들게 운동을 하고 이 대가로 아까운 돈을 지불해야 하는가? 어차피 겪어야 할 시간이라면 버리는 시간보다 건강한 몸을 만드는 의미 있는 시간으로 만드는 것이 좋지 않을까? 그리고 부대에서는 체력이 좋다는 이유로 포상을 주고 국방부에서는 개인의 운동을 지원해주기까지 한다. 뒤에 자세히 배우겠지만 자기 개발 지원비의 목록 중에 개인 운동용품이 포함되어 있다. 개인을 위해 운동을 하면서 칭찬도 받고, 지원도 받으면서 아무런 부담감이 없는 곳은 군대밖에 없을 것이다.

운동의 효과

군대에서 운동을 추천하는 이유는 몸이 좋아진다거나 살이 빠진다는 신체적인 이유도 있겠지만 그것만큼이나 운동이 가져다주는 정신적인 효과도 크기 때문이다. 운동을 할 때와 끝났을 때 몸에서 나오는 여러 가지 호르몬은 인간의 부정적 사고를 해소시키는 효과가 있으며 외부 환경으로부터 오는 스트레스를 해소시킨다. 또한 자신감을 갖게 한다. 흔히 운동을 하면 무기력해진다고 생각하기 쉽지만 적당한 운동은 아드레날린의 분비를 촉진하기 때문에 오히려 무기력을 극복하는 데 도움을 주고 긍정적인 생각을 하게 도움을 준다. 군 생활을 하면서 긍정적인 사고와 활력, 열정은 굉장히 중요하다. 특히 반복적인 일상을 계속 경험하게 될수록 고독감과 무기력감은 심해지기 마련인데 이런 부정적인 감정들을 가장 효과적으로 해결할 수 있는 방법이 바로 운동이다. 그러니 군인이라면 신체 건강과 정신 건강을 동시에 챙겨 줄 수 있는 운동을 꼭 하면 좋겠다.

수능 공부

소개

다음으로 소개할 자기 개발은 수능 공부다. 수능 공부는 군 생활을 하면서 하지 않으면 손해라고 할 순 없겠지만 수능 공부를 목표로 삼는다면 군 생활을 하나의 기회로 만들 수 있기 때문에 소개해 보고자 한다.

청소년에서 성인으로 넘어가는 남성들의 대부분의 절차는 고등학교를 졸업하고 취업 전선에 뛰어든 후 입대를 하거나 수능-대학-대학 1년 혹은 2년을 마치고 군대에 가는 것이다. 그래서 장병들의 평균 나이는 21~24세 사이이다. 21세에서 24세 나이에 있어 수능 공부는 다시 돌아가고 싶지 않은, 다시 시작하기에는 이미 늦은 그런 대상일 것이다. 하지만 생각보다 영내 생활을 하면서 수능 공부를 다시 시작하는 인원들이 꽤 많다. 이유는 사회에서 생활할 때는 몰랐던 자신의 생활을, 입대 후 멀리 떨어진 관점에서 바라볼 수 있게 되기 때문이다. 그래서 앞서 자료에서 밝혔듯이(청년 장병 27만 1,000명 중 25.4퍼센트인 6만 9,000명이 '전역 후 진로를 결정하지 못했다'고 답했다. 또한 청년 장병의 고민 중 '진로'가 58.5퍼센트로 가장 많았다.) 많은 장병들이 군 생활을 하면서 전역 후 자퇴를 결심하거나 수능을 다시 공부하거나 사업을 생각하게 되는 경우가 많다. 그러니 만약 당신이 입대를 하고 나서 다시 수능을 봐야겠다고 생각이 들었다면 영내 생활은 좋은 기회가 될 것이다.

전역하고도 후회하지 않으려면

주의 사항

군 생활 동안 수능 공부를 하는 것은 좋은 기회일 수 있지만 만약 내가 일반병으로 입대를 한 후 수능 공부를 하기로 결정했다면 현실적인 한계가 많다. 당연하게도 재수 학원처럼 하루 종일 공부만 할 수 있는 것이 아니라 훈련을 하면서 공부를 병행해야 하며, 부대의 일정과 공부 중 어쩔 수 없이 부대의 일정에 따라야 한다. 만약 훈련 기간이 1~2주라면 그 기간 동안 공부를 할 수 없게 된다. 만약 근무지도 전방에 배치가 된다면 이는 배로 어려워질 것이다. 그렇기 때문에 만약 군 생활을 하면서 수능 공부를 하겠다는 결정은 최대한 빨리 내려야 한다, 빨리 결정을 내려서 수능 공부를 하기 좋은 특기로 지원했으면 좋겠다.

장점

그렇다면 입대 후 군인 신분으로 수능을 보기로 결정했을 때 받을 수 있는 장점은 어떤 것이 있을까? 우선 군 수생의 가장 큰 장점은 '실패해도 본전'이라는 점이다. 만약 사회에서 수능 공부를 하기로 결정했다면 이에 투자되는 시간과 돈의 양이 상당할 것이다. 하지만 영내 생활을 하면서 수능 공부를 하기로 결정했다면 수능 공부를 하기로 결정하든 안 하든 어차피 18개월이라는 시간을 복무

해야 하기 때문에 얻는 것은 똑같지만 잃는 것은 다르다.

두 번째로 공부가 방해된다는 그 점이 오히려 좋은 공부환경을 만들 수 있다는 점이다. 사회에서 원 없이 공부를 할 수 있다면 점점 지쳐가겠지만 영내 생활은 공부를 많이 할 수 없는 환경이다 보니 항상 공부에 굶주려 있을 수 있고 더 집중하게 될 수 있으며 분명한 목적의식을 가지고 공부할 수 있다.

세 번째 장점은 활발하게 일어나고 있지는 않지만 2022년 현재를 기점으로 온, 오프라인으로 입시 강의를 하고 있는 메가스터디 학원에서 '강철패스'라고 하는 일반 수험생에 비해 싼 가격에 인터넷 강의 이용권을 구매할 수 있는 혜택을 '군수생'을 위한 혜택을 실행하고 있다. 유명한 입시 학원에서 공식적인 사업을 만들 정도로 요즘은 영내 생활을 하면서 수능 공부를 하는 장병들이 많다는 것이다. 여기에 '군 자기 개발비'를 이용하여 교재를 구매한다면 많은 돈이 들어가는 입시의 부담을 조금 덜어 줄 수도 있을 것이다.

자기 개발 지원비

소개

국방부에서는 군 복무 중 자기 개발 기회를 확대하고자 자기 개발 비용의 80퍼센트, 20퍼센트는 본인 부담(개인별 12만원 한도)를 지원해 주는 제도로 2022년 기준 1월 1일부터 11월 30일까지 도서 구입비, 시험 응시료, 강좌 수강료, 학습용품비, 운동용품비(운동용품은 6만 원 지원), 문화관람비 등 병 자기 개발에 있어 브랜드 상관없이 정해진 상품을 구매했을 때 영수증 혹은 구매 내역을 인증하면 별도의 심의를 통해 금액을 지원해 주는 제도다.

상세

이 제도를 특히 중요하게 생각하는 이유가 있다. 2022년 기준 국방부에서 이 사업의 지원 예산만 약 387억 원이라는 점(육군 308.13억원, 해군 17.45억원, 공군 38.00억원, 해병대 23.96억 원)과, 2022년에 입대를 하였다면 2022년에 지원을 받고 2023년에 한 번 더 최대 24만 원까지 지원을 받을 수 있다는 점이다. 만약 7월 이후에 입대해 영내에서 해가 세 번이 바뀐다면 36만 원이 아닌, 지원된 24만 원 중 사용한 금액을 마이너스하고 남은 금액이 지원된다.

주의할 점은 지원대상이 '국방부 소속 현역 병사'로 육군, 해군, 공군, 해병대, 국직, 카투사, 상근 예비역 등은 지원되지만 제외 대상 간부(장교, 부사관), 사회 복무 요원, 의무 경찰, 의무 소방요원, 산업기능요원 등은 제외된다. 신청 방법은 '나라사랑포털'에 접속하여

자기 개발 지원 신청 매뉴얼에 따라 진행을 하면 된다. 제휴사의 경우 별도의 신청 없이 바로 구매를 진행하면 되며 비제휴사의 경우 비용 지원 신청 후 영수증, 증빙 서류를 첨부하여 심의를 통과하면 지원금이 지원된다. 여기서 비제휴사의 증빙 서류에는 구매 확정증, 배송 완료증 등을 첨부하면 된다.

공부 연등과 자기 개발 지원비

각 부대마다 다르겠지만 군대에서는 보통 22시 언저리가 되면 영내를 소등하고 야간근무자를 제외한 장병들을 취침에 들어가도록 통제한다. 하지만 만약 본인이 개인적으로 자기 개발을 위해서 공부를 더 하고 싶다면 당직사관님에게 건의하여 24시까지 공부 연등을 신청할 수 있다. 22시부터 24시까지 고작 두 시간으로 얼마나 공부를 더 할 수 있을까, 하고 생각할지 모르겠지만, 10개월간 매일 두 시간씩 연등을 진행한다고 했을 때 무려 610시간이라는 어마어마한 시간이 생긴다. 자기 개발비 얘기를 하다가 왜 갑자기 이런 이야기를 할까 의아할 수 있을 것이다. 이유는 이 공부 연등의 단점 때문이다. 공부를 위해서 두 시간을 도서관 혹은 사이버 지식 정보방에서 연등하는 것은 좋은 배려이지만 장병 개개인을 따져 봤을 때는 안타까울 수 있다.

실제 사례로 예시를 들자면 나와 인터뷰를 진행했던 한 장병은 꿈이 '성악가'가 되는 것이다. 그래서 연등을 하더라도 해 봐야 다른 성악가의 노래를 듣는 것 정도밖에 못한다는 것이다. 연등은 좋은 제도이지만 장병 개개인의 사정으로 비추어 본다면 단점이 있을 수 있다. 이런 단점을 극복해 주는 것이 바로 군 자기 개발 비용이다. 12만 원이라는 돈을 개인의 자기 개발을 위해 사용할 수 있다. 자기 개발비용을 시작으로 영내에서의 의미 있는 시간을 시작할 수 있는 계기가 될 수 있다. 군인의 혜택을 소개하고 있는 입장에서 다른 건 몰라도 자기 개발 지원비만큼은 꼭 받아 두었으면 좋겠다. 어느 정도냐면 만약 전역을 했는데 누군가가 자기 개발비를 신청조차 하지 않았다면—신청을 했지만 심의에서 탈락된 경우를 제외하면—그 장병은 십중팔구 아무 생각 없이 군 생활을 보냈을 가능성이 크다. 공짜로 들어오는 돈도 받지 못하는 사람이 어떻게 다른 혜택들을 받을 수 있을까? 자기 개발 지원비는 국가에서 각 개개인에게 12만 원 상당의 용돈을 군인이라는 이유만으로 준 것과 다를 것이 없다. 그러니 제발 귀찮다고 미루지 말고 꼭 신청했으면 좋겠다.

군 e-러닝

소개

다음으로 소개할 국군 장병으로서의 혜택은 현역 장병 간부들을 포함해서 정말 소수만 알고 있는 군 e-러닝 제도다. 군 e-러닝 제도란 국방부에서 나라사랑포털을 통해 복무 중인 장병들의 학습 욕구 충족 및 자기 개발 도모를 위해 제공하는 서비스이며, 인터넷이 되는 공간이면 언제 어디서든지 가능한 서비스다. 군 e-러닝의 강좌 종류는 대학 학위를 취득할 수 있는 '학위 강좌'와 개인적인 자기 개발을 위해들을 수 있는 일반 강좌로 나뉜다.

학위 강좌

학위 강좌란 군 휴학 중인 병사가 군 입대 시 대학에서 인정하는 학점을 취득할 수 있는 강좌로, 최대 1학기 6학점, 1년 12학점을 취득할 수 있다. 1학기에 6학점 정도면 간단하게 일반 대학의 계절 학기에 받을 수 있는 학점을 취득할 수 있다고 생각하면 된다. 학위 강좌를 신청하는 방법은 나라사랑포털에 들어가 군 e-러닝 하위에 있는 '학위 강좌'에서 본인의 개인정보와 소속 대학을 입력한 뒤 절차에 따라 진행하는 것이다. 나라사랑포털을 이용한 학위 강좌를 수강한다면 몇 가지 주의 사항이 있는데, 아쉽게도 본인이 재학 중인 대학의 학위 강좌 목록에 있는 강좌만 수강 가능하며 원격 수업만 가능하다. 모든 강좌를 다 들을 수 있다면 좋겠지만 온라인에 한해 가능하다. 또한 전역 시점이 학사 일정의 4분의 1(개강 후 1개월 이전) 정도인 경우와 복학 신청한 경우 수강 신청이 불가능하다. 만약 전역을 하는 시점이 애매한 장병이라면 군 e-러닝을 수강하다가 복학을 하면 참 좋겠지만 그럴 수가 없다. 다음으로 대학마다 강의마다 그 금액은 다르겠지만 학위 강좌는 수강료와 수수료 1만 1,000원을 지불해야 하며, 이 금액들은 오직 e-머니로만 결제 가능하다. 군 e-러닝 사업은 대학을 졸업하기로 결정한 장병에게 군 입대로 인해서 늦어지는 학업의 공백을 메워 줄 수 있다는 장점이 있으며 22년 기준 수강 신청시 국방부 소속 병사(육/해/공/해병/상근예비역)에 한하여 수수료와 수강료의 80퍼센트를 국방부로부터 지원받을 수 있다. 만약 부대의 사정에 따라 컴퓨터가 제한이 된다면 개인 정비 시간에 받는 개인 핸드폰으로도 강의를 수강할 수 있으며 학교 교수님과 부대의 지휘관과 상의 후 개인휴가를 사용하여 오프라인 시험을 치루는 것도 가능하다. 또한 일부 부대에서는 온라인 강좌에서 학점을 A이상 취득시 포상 휴가를 주기도 한다. 하지만 영내 생활의 특성상 학위 강좌를 수강하는 장병은 그 자체로 피곤한 학사 일정이 될 것이다, 수강 중 특이 사항이 발생해 부대의 지휘관에게 보고를 해야 하고 여기저기 허락을 받아야 하는 상황이 되면 이를 건의하는 장병도 이에 대한 결정을 내려야 하는 지휘관도 수강내내 스트레스를 받을 것이며 학사 일정의 변동을 확인하기 위해 수시로 나라사랑포털을 확인해야 하는 필요가 발생한다.

일반 강좌

군 e-러닝 프로그램의 두 번째 강좌인 일반 강좌란 장병의 개인적인 자기 개발을 위해 어학, 자격증, 취업, IT/OA, 검정고시, 독학사 등의 과목의 강의를 들을 수 있는 강좌로 국방부에서 연단위로 콘텐츠 제공업체와 계약하여 무료로 지원되고 있다. 일반 강좌를 수강하는 방법은 똑같이 나라사랑포털에 들어가 군 e-러닝에 하위에 있는 일반 강좌에 들어가 원하는 과목과 원하는 강사의 강의를 찾아 몇 가지 동의를 한 뒤 강의를 수강하면 된다. 일반 강좌는 크게 자격증, 어학, IT/OA, 취업, 기타로 나뉘어 있는데 무료로 제공되는 일반 강좌이지만 그 범위가 정말 광범위하다. 각 분류별로 살펴보면,

자격증: 부동산, 기사, 산업기사, 기능사/기능장, 한국사 능력 검정 시험, 한식, 양식, 한국어 능력시험 등등

어학: 영어, 일본어, 중국어, 동남아 전략 언어, 등등

IT/OA: 자격증, 컴퓨터 기초, 디지털 디자인, 프로그래밍 등등

취업: 공무원, 교원 임용, 감정평가사, 공인노무사, 행정사, 지식 재산권, 건물관리, MBA, 공통필수역량, 글로벌 공통 직무, 비즈니스 교양, 비즈니스 리더십, 산업 공통 직무

기타: 검정고시, 독학사, 인문학, 대학 편입, 맞춤형 영어 강좌, 외국어 인포멀

　과목별로도 이렇게 많고, 각 과목에서의 강의 수까지 생각하면 엄청난 양의 강좌들이 있는데, 이 강좌들을 무료로 수강할 수 있다. 야간에 사이버 지식 정보방에서 공부 연등을 하면서 하루에 한 강의만 듣는다고 해도 한 달이면 30개의 강좌를 들을 수 있다. 한 달에 30강의면 18개월에서 이등병 생활을 제외하고 휴가로 2개월의 시간을 제외한다고 봤을 때 13개월 동안 하루에 한 강의 씩만 들어도 총 3,300개의 강의를 들을 수 있다.

　많은 장병들이 e-러닝을 잘 몰라서 연등 때 유튜브에 올라온 강

의들만 보거나 혹은 직접 강의를 사서 듣는 경우가 많다. 공부에 관한 강좌들은 그 특성상 단가가 꽤 비싼데 e-러닝을 모른다는 이유로 아까운 돈을 지불한다면 아쉬울 것이다. 군 e-러닝은 존재 자체를 아는 장병도 많지가 않다. 그러니 생각이 있다면 수강해 보길 바란다.

주변에서 배워라

영내 생활의 가장 큰 장점 중 하나는 바로 자대 선정 기준이 무작위 추첨이라는 것이다. 통상적으로 일반 보병이 아니라면 병으로 입대를 하면 훈련소의 교육을 마치고 각자 특기를 부여받아 후반기 교육을 받게 되는데 후반기 교육의 막바지에 후반기 교육을 받는 장병들의 최대 관심사인 자대 배치 결과를 발표해 준다. 여기서 자대 배치의 선정 기준은 성적순, 지망순이 아닌 무작위 추첨 방식이다. 그 말은 즉 영내 생활을 하면서 정말 다양한 사람을 만날 수 있다는 말이다. 미술을 전공한 사람, 체육을 전공한 사람, 음악을 전공한 사람, 생명과학을 전공한 사람, 경찰 행정을 전공한 사람, 의학을 전공한 사람 등등 프로리그에서 뛰고 있는 현역 운동선수, 연예인, 작곡가, 전 대기업의 직원, 공기업의 주임 등등 정말 다양하다.

전역하고도 후회하지 않으려면

아무리 특별하다고 생각되는 사람이라도 군대에서는 같은 장병일 뿐이다.

만약 영외라면 특정한 사람들과 친분을 쌓기 위해서는 어디에 속하거나 동아리에 가입하거나 단체에 가입하거나 동호회를 하거나 우연히 만나야 하지만 군대에 있으면 너무나 자연스럽게 만날 수 있다. 내가 얘기하고 싶은 건 단순히 친분을 쌓으라는 것이 아니다. 중요한 건 그 사람들에게서 배울 점이 있다는 것이다.

실제 예시를 들어 보면 내 후임 중 한 명은 가수를 꿈꾸고 있었다. 그래서 노래를 잘하는 법을 배웠다. 다른 후임은 축구 선수였다. 그래서 운동에 관해서, 축구에 관해서 배울 수 있었다, 다른 후임은 부모님이 부동산 투자를 많이 하셔서 부동산에 관심이 많았다. 그래서 부동산에 대해 배울 수 있었다. 장병뿐만이 아니다. 간부님 중에서도 알고 보면 좋은 지식을 가지신 분들이 많다. 그러니 한 번 보고 안 볼 사이라고 생각하며 핸드폰하고만 친해지지 않았으면 좋겠다.

전문하사

소개

흔히 장병들이나 간부들 사이에서 '전문하사'라고 불리며 정식 명칭으로는 2020년 전 유급지원병제 2020년 후 '임기제 부사관제'는 대한민국 국군의 부사관 모집 방법 중 하나로 병 생활을 모두 마친 장병이 부사관으로 임관을 하는 최 단기 기간의 부사관 제도다. 간단히 말해 일반 병으로 의무복무 기간을 채운 지원자가 하사로서 보수를 받으며 복무 기간을 연장하는 제도라 생각하면 된다. 정식 명칭인 '임기제 부사관' 제도라는 말 대신 '전문하사'라는 명칭으로 소개하는 이유는 영내 생활을 하면 '전문하사'라는 표현을 더 익숙하게 사용하기 때문이며 '현역 부사관', '임기제 부사관'의 혼동을 방지하고자 정식 명칭이 아닌 '전문하사'라는 표현을 사용하였다(이하 '임기제 부사관'으로 표기). 이 제도의 기원은 2007년 군 복무 기간의 단축으로 인한 전투력 저하를 방지하기 위해 각 군의 전투기술 숙련 인원 및 첨단 장비 운용 인력을 안정적으로 확보하기 위해 도입된 제도다.

하지만 장병들에게 있어 이 '임기제 부사관' 제도는 앞서 소개했던 다른 사업들에 비해 별로 환대받지 않는 혜택이다. 병역 의무라는 과업을 이행하기 위해 온 군대에서, 18개월도 힘들었는데 굳이 자진해서까지 복무 기간을 연장하는 선택을 하고 싶지는 않을 것이다. 그래서 많은 장병들에게 임기제 부사관을 하라는 얘기를 하면 어떻게든 눈을 피하려 하는 모습을 볼 수 있을 것이다. 하지만 안타까운 점은 단순히 복무 기간이 연장된다는 점 때문에 많은 장병들이 생각조차 하지 않고 제대로 알아보지도 않고 외면해 버린다. 그런데 '임기제 부사관'이라는 제도는 간부님들이 국방부에서 시행하는 최고의 제도라고 할 정도로 강력히 추천하는 제도인 만큼 정말 복무 기간이 연장된다는 점만 제외하면 정말 많은 혜택이 주어지는 제도이다.

임기제 부사관의 장점

임기제 부사관의 장점으로 금전적인 영역을 가장 먼저 꼽는다. 임기제 부사관으로 복무를 연장할 시 과거와 달리 하사와 똑같은 월급을 받을 수 있으며, 선택할 수는 없지만 관사가 주어지고 식사비 부담을 덜기 위해 영외 급식비가 지원된다. 만약 전역 후 본가에서 벗어나 집을 마련할 생각이라면 월세와 식대비로 고정 지출이 생기는데 임기제 부사관이 되면 관사와 영외 급식비의 혜택을 받을 수 있다. 또한 영내 충성마트(흔히 PX)에서 면세 된 가격으로 생활용품을 구매할 수 있어 가족이 없는 입장이라면 생활비를 극도로 아낄 수 있다. 2월과 9월의 추가 급여, 3월의 성과상여금 또한 받을 수 있다.

두 번째로 적응에 있다. 임기제 부사관은 원칙적으로 본인이 근무했던 근무지에서 연장된 기간 동안 임무를 수행해야 한다. 그렇기 때문에 단기 부사관으로 처음 와 보는 근무지에서 하사로 적응하는 것보다, 병장까지 마친 곳에서 하사로 임관하는 것이 새로운 곳에서 적응해야하는 스트레스를 없앨 수 있다. 세 번째 장점은 사회생활에 대한 경험이다. 임기제 부사관을 하면 짧은 기간이지만 사회생활에 대한 경험을 할 수 있는데, 별것 아니라고 무시할 수도 있겠지만 같은 나이라도 동일한 상황에서 장병과 임기제 부사관이 보이는 태도는 정말 다르다. 특히 문제가 생겼을 때 더 심해진다. 같은 나이이지만 문제가 발생했을 때 장병들은 소위 아이 같지만 임기제 부사관들은 어른 같다.

임기제 부사관을 하면 좋은 장병들

전역 후 자신이 복무했던 병가에 관련된 직업을 가지길 희망하는 장병, 혹은 전역 후 특별한 계획이 없고 단순히 복학할 때까지 아르바이트를 하고 친구들을 만나면서 쉴 생각인 장병이라면 임기제 부사관을 추천한다. 사회생활을 미리 경험하면서 전문성도 인정

받으면서 전역 후 간부로서의 혜택까지 받을 수 있는데 이 대가로 돈도 받는다. 어떻게 보면 최고의 제도인 것이다.

하지만 만약 전역 후 자신이 근무했던 병가와 무관한 직업을 희망하며 부대의 여건이 별로 맘에 들지 않고 전역 후 임기제 부사관보다 나은 길이 있다면 과감히 선택하지 않으면 된다. 선택은 자신이 하면 된다. 필자 역시도 간부님들에게서 임기제 부사관에 대한 추천을 많이 받았었다. 그리고 전역 전까지 진지하게 고민을 하면서 임기제 부사관을 실제로 하고 있는 간부님들과 나에게 임기제 부사관을 추천했던 간부님들과 부모님과 상의 후 눈앞에 있는 혜택보다 전역 후에 미래에 더 도움이 되는 길이 있었기 때문에 아쉽지만 포기하고 전역을 할 수 있었다. 한 가지 안타까운 것이, 임기제 부사관이라는 것이 정말 좋은 제도이지만 주변 환경에서 영향을 많이 받는다. 근무하는 부대의 장병들이 임기제 부사관을 많이 하는 부대라면 개개인의 장병들도 이 제도를 긍정적으로 생각하지만 주위에서 한 명도 하지 않으면 엄청 부정적으로 생각하게 된다는 점이다. 그러니 분위기에 휩쓸리지 말고 옳은 선택을 했으면 좋겠다.

지원 방법

임기제 부사관이 되기 위해서는 현역병 중 전역을 1~6개월 앞두고 있을 때 행정보급관을 통해 인사과에 서류를 제출하면 된다. 복무 기간은 의무 복무 완료 후 6~18개월 사이 자유롭게 선택 가능하며 희망 시 월 단위로 연장 가능하다.

개인적인 의료 서비스

소개

만약 입대 전 주위 나이가 꽤 차이 나는 어른들에게 입대를 한다는 사실을 밝힌다면 많은 어른들이 "몸 성하게만 돌아와라."라고 이야기할 것이다. 나도 처음에는 그냥 조심히 다녀오라는 이야기인 줄로만 알았는데 생각보다 많은 장병들이 군대에서 부상을 당하며, 한 번은 볼 수 있으려나 했던 '의가사 제대'를 다섯 명이나 봤다. '의가사 제대'를 한 장병만 다섯 명이다. 환자가 되어 아무것도 하지 못하고 생활관에 앉아만 있던 인원들도 포함하면 훨씬 많다. 장병의 건강 관리가 매우 중요시되는 요즘에도 환자가 많이 생기는데 과거에는 오죽했을까. 어른들의 '몸 성하게만 돌아오라'는 말은 군대에 잘못 왔다가 평생 병을 앓고 살아야 하는 장병들을 직접 본 경험에서 진지하게 말하는 조언인 것이다. 정말 군 생활을 하면서 가장 중요한 것은 몸 건강히 전역하는 것이다. 내가 원해서 온 곳도 아닌데 그런 곳에서 생긴 병을 가지고 평생을 살아야 한다면 너무 억울할 것이다. 하지만 그렇다고 너무 부정적으로만 생각하지 않았으면 좋겠다. 몸이 건강하다면 아무런 혜택도 받을 수 없을 것 같지만 의무대에선 군인이라는 이유로 생각보다 많은 혜택을 받을 수 있다.

필요하면 필요하다고, 아프면 아프다고 말해라

아무리 건강한 장병이라도 주기적으로 관리해야 하는 치과의 경우 스케일링, 사랑니 발치 같은 개인적인 의료 서비스를 누구나 받을 수 있다. 일반적으로 스케일링은 비싼 비용을 가지면서 주기적으로 받아야 하는 시술인데 영내의 의무대에서는 무료로 받을 수 있다. 사랑니의 경우에도 평생 발치를 고민하는데, 의무대에서 무료로 발치—본인도 사랑니 세 개를 부대 의무대에서 발치했고 여전히 멀쩡하다—할 수 있다. 이외에도 영내 의무대의 규모에 따라 해결하지 못하는 문제는 가까운 군 병원이나 민간 의료 기관으로도 외진을 갈 수 있으니 아프면 아프다고, 필요하면 필요하다고 얘기해라. 물론 치과의 경우 간부에게 사전에 건의해서 예약을 잡아야 하며, 의무대나 병원들도 군인들의 일과 시간에 운영되기 때문에 의료 서비스를 받기 위해서는 일과에서 제외되어야 한다. 눈치가 보인다면 훈련이 없는 한가한 일정일 때 예약을 하는 것이 좋다. 그래도 정 아프다면 분대장에게 미리미리 얘기해서 안 좋은 오해를 만들지 말자.

민간 의료 기관 진료비 지원 제도

만약 부대의 의무대의 크기가 작아서, 조금 더 전문적인 검사가 필요할 경우 혹은 개인의 선택에 의해 민간 의료 기관으로 치료 또는 검사를 받을 수 있다. 정확한 검사와 전문적이고 상황에 맞춘 치료는 민간 의료 기관의 장점이지만 문제는 민간 의료 기관에서 치료를 받게 되면 진료비를 본인이 부담해야 한다는 큰 단점이 있다. 이를 지원해 주는 제도가 바로 '민간 의료 기관 진료비 지원 제도'이다. 지원대상은 학군 간부 후보생을 제외한 현역병, 상근 예비역과 간부 후보생으로 상해, 질병에 대한 입, 통원 진료비(급여항목에 한함) 중 실손 보험과 동일한 수준을 공제 후 지원하고 의, 병원은 1만 원, 상급, 종합 병원급은 2만 원 초과 시에만 환급이 가능하다. 진료비 지원 수준은 우선 비급여 항목을 제외한 본인 부담금을 일부 지원하는 것으로 의료기관에 따라서 공제금액이 조금씩 다르지만 의, 병원 급은 1만원 혹은 본인 부담금의 20퍼센트 중 큰 금액,

상급, 종합병원급은 2만원 혹은 본인 부담금의 20퍼센트 중 큰 금액을 통상적으로 지원해 준다. 민간 병원의 진료비 내역이 건강보험공단으로 청구까지 통상 3개월이 소요됨에 따라 실제 진료일과 환급일까지 약 3~4개월 정도 시차가 발생한다. 지급절차와 지원 방식은 민간 병원에서 진료 후 본인 부담금인 진료비를 병원에 납부하면 국군재정관리단이 건강보험공단의 진료비 내역을 확인하여 본인 부담금을 급여통장으로 환급하는 방식으로 이루어진다. 진료비 지원을 받기 위해서는 '나라사랑포털'을 통한 개인정보(건강 등 민감정보 및 주민등록번호 등 고유식별정보) 등에 관한 동의가 필요하며 '나라사랑포털'에 정회원으로 가입된 병사 등은 개인정보 활용 동의서를 제출하고 미가입자는 나라사랑 포털에 정회원 가입 후 제출하면 된다.

의료 서비스에 대한 개인적인 생각

필자 본인도 군대에서 아픈 환자들이 있으면 대놓고 얘기하지는 않았지만 사실 좋게 보지는 않았다. 그러던 어느 날 멀쩡하게 저녁 점호를 받다가 갑자기 어지러워져 쓰러진 적이 있었다. 과거에도 2~3년을 주기로 몇 차례 쓰러진 적이 있었지만 그때마다 '빈혈이겠지'하고 대수롭지 않게 여겼는데, 군대에서 쓰러지고 나서는 군 병원에서 제대로 검사를 받게 되었다. 아무런 병이 없을 것 같았던 내 몸에 '미주신경성 실신'이라는 병이 있었다. 스트레스를 받으면 머리로 피가 가지 못해 실신하는 병인데, 입대 전에는 그냥 넘어갔겠지만 군대에서 일이 생겼기 때문에 제대로 검사를 받을 수 있었고, 내 확실한 병명을 알 수 있었고 이에 대처하는 방법도 알 수 있게 되었다. 영내 생활을 하면서 느낀 점 중 하나는 정말 건강해 보이는 사람도 인체의 어딘가는 문제를 가지고 있다는 점이다. 그도 그러할 것이 우리 몸에는 셀 수 없이 많은 조직들이 있는데, 그중 하나라도 이상하지 않은 사람은 정말 드물 것이다. 의료 서비스도 결국 나를 위한 것이다. 그러니 눈치만 보지 말고 아프면 당당하게 아프다고 얘기하자.

전역하고도 후회하지 않으려면

추가적인 관련 사이트들

▼
▲

　지금까지 소개한 사업들은 최대한 모든 장병들이 흥미를 가질 만한, 최대한 많은 장병들에게 도움이 될 만한 사업들을 위주로 상세하게 설명했다. 하지만 이 책에 하나하나 세세하게 담기에는 어려울 만큼 장병들을 위한 사업들은 정말 많다. 개개인의 장병들의 진로와 목표가 다 다르듯이 이 사업들도 각 분야별로 다양하며 장병들을 위한 사업들도 여러 단체들과 연관이 되어 있기 때문에 한 사람이 모든 사업들을 알기가 사실상 불가능하다. 그렇기 때문에 이번 장에서는 자신의 맞는 사업들을 찾아가기 위한 대표적인 연계 단체들을 소개함으로써 각 개인의 필요한 사업을 지원받았으면 좋겠다.

나라사랑포털

'나라사랑포털'은 '군인공제회'에서 운영하는 대한민국 국군의 병역 판정 검사에서부터 예비군 훈련까지 사용하는 나라사랑카드를 원활하게 이용하기 위해 국방부가 제공하는 온라인 서비스 및 군 복지 포털이다. 본 포털은 복무 중인 국군 장병들의 군 정보화와 함께 많은 온라인 서비스를 제공하고자 노력하고 있다. 주 사업은 나라사랑카드, 군 e-러닝, 청년 DREAM 국군 드림, 자기 개발 지원비, 장병내일준비적금 등이다.

나라사랑포털은 무엇보다 여러 군데로 나뉘어져 있는 군 지원 포털 중 장병들이 가장 쉽고 유익하게 이용할 수 있는 포털이다. 특히 '청년 DREAM 국군드림'의 R(창업, 취업) 부분은 창업과 취업 역량을 배양하는 여러 사업들을 소개하고 있기 때문에 추천한다. 또한 이용 안내-공지 사항은 본 포털에만 국한하지 않고 국방부, 육, 해, 공, 해병대의 소식 등 여러 지원 정책들의 소식을 알려 주고 있으니 꼭 이용해서 모든 혜택을 다 받을 수 있으면 좋겠다.

국군복지포털

국군복지포털은 국군복지단에서 운영하는 온라인 포털로 국군

복지단은 국방부에서 지정한 복지 시설의 통합 운영을 통해 국방 가족들의 복지를 책임지는 핵심 부대다. 주 사업으로는 호텔/콘도/컨벤션, 체력 단련장, 기숙사, 마트/쇼핑타운. 인터넷 쇼핑몰Wa-mall 등이 있다. 특히 인터넷 쇼핑몰은 검증된 상품을 시중가보다 저렴한 가격으로 제공하며 인터넷 주문을 시킬 수 있다는 장점이 있다.

국방전직교육원[2]

국방전직교육원은 2015년 1월 1일에 개원한 국방부 산하 공공기관으로서 전역 예정 장병을 대상으로 진로설계, 진로교육, 전직기본교육, 전직컨설팅, 맞춤형 전문교육, 기본교육심화과정 등의 교육과 청년 장병을 위한 부대로 찾아가는 진로 도움 프로그램 및 청년 장병 뉴스타트, 취업 박람회, 구인처 발굴, 취업정보 제공 및 취업상담, 취업 추천 등 다양한 전직지원 활동을 지원하는 곳이다

주요사업으로는, 다음과 같은 것들이 있다.

진로 도움 프로그램

---

2) 본 사업들에 대해 구체적으로 기술하고자 담당 부서에 전화를 걸었지만 국방전직교육원이 군대에 소속되어 있기 때문에 기밀유지를 이유로 인터넷 사이트에서 소개된 내용을 제외하고는 본 도서에 기술하지 못하게 되었다. 그러니 관심이 있다면 1588-9402로 문의하길 바란다.

부대별 지정 상담사에 의해 진행되며 청년 장병 진로고민 해소를 위한 기초적 진로 지도 교육에서부터 개인별 특성을 고려한 1:1 취업상담까지 One-Stop으로 이루어지는 특화 지원 프로그램이다.

청년 장병 취업사관학교

청년 장병이 희망하는 진로 유형에 부합한 맞춤형 취업과정으로 해당분야 전문 역량 향상과 수료 후 취업 프로그램으로 취업지원교육을 수강하고 담당 컨설턴트를 배정받아 .군 경험 강점 통한 입사지원서 작성, 모의 면접 및 1:1 사후관리 컨설팅을 받을 수 있다.

기업맞춤형 취업과정

전역 예정 청년 장병의 군 특기(경력)를 취업 역량으로 활용할 수 있는 직종으로 취업할 수 있도록 채용수요 기업을 발굴하여 실무 능력 중심의 맞춤형 취업 전략 지원 후 취업연계를 도와주는 프로그램으로, 청년 장병 채용선호 기업의 협조로 연간 25회 내외로 진행 되며,취업과정의 주요 내용은 기업인사 담당자의 기업 소개, 실무자의 채용 직무 이해 특강, 군 선배의 멘토링, 현장 견학, 전문 취업 컨설턴트의 맞춤형 취업 컨설팅 등이 있다.

전역하고도 후회하지 않으려면

찾아가는 현장 채용 설명회

기업 채용(직무) 설명회, 해외 취업 설명회, 공직 설명회 등 청년 장병이 희망하는 다양한 분야별 설명회를 개최하여 인사 담당자 또는 현직자로부터 현장의 생생한 정보를 듣고 Q&A 등을 진행하는 형태의 일자리 지원 사업이다.

취업 박람회

2022년부터 국군 장병 취업 박람회로 해당 명칭(舊 전역 예정 장병 취업 박람회)이 변경되었다. 2021년부터 시범 실시된 현역 장병 대상 전체를 박람회 참여자로 확대 운영하고 있다. 매년 전후반 1회 이상 운영되며 오프라인 박람회 중심으로 진행, 박람회에 참여하는 여러 기업들은 국군 장병의 업무 적응력, 책임감, 업무 수행 능력, 성과 등 뛰어난 역량을 인정하였으며, 매년 꾸준히 온·오프라인 취업 박람회에 참가하여 전역 예정 장병 채용에 많은 관심을 갖고 있다. 국군 장병 취업 박람회는 본 행사 외에도 온라인 홈페이지를 통해 사이버 채용관, 인·적성검사, 1:1 진로 및 취업상담, 현직자 온라인 멘토링 등 장병들이 상시 접속하여 참여할 수 있도록 구성되어 있다.

기업인력애로센터

기업인력애로센터는 정부의 중소벤처기업부가 총괄하며 금융위원회, 과학기술정보통신부, 국방부, 중소기업진흥공단이 연계하여 중소벤처기업 입장에서 인력애로를 해소할 수 있도록 지원하는 원-스탑 지원 사업으로 중소기업진흥공단은 현장 실태조사 등을 통해 구인애로 기업을 발굴하고, 채용조건을 확인하여 특성화고, 전문대, 직업전문학교 졸업생, 청년 장병 등의 구직자와 맞춤형 취업 매칭을 진행하는 사업이다. 과거에는 직접적으로 군 부대에 찾아가는 사업들이 있었으나 코로나 19의 이유로 직접 부대로 찾아가는 사업이나 장병만을 위한 사업은 대폭 축소되었으나 청년 장병이라면 누구나 참여할 수 있는 취업 지원 프로그램이 많으니 관심이 있다면 참여하길 바란다.

주요사업
① 취업 컨설팅 및 취업 매칭

구인 기업과 취업 컨설팅, 직무 교육 등을 통해 발굴한 구직자를 취업 매칭 및 사후 관리를 지원하기 위한 지원 사업으로 중소 벤처기업 구인·구직 매칭을 위한 기업인력애로센터의 취업 매칭 시스템으로 다양한 일자리 지원 서비스 제공, 이력서 등록, 입사 지원

관리, AI 추천 매칭, 모의 면접, 인적성 검사 등 취업 지원 서비스 제공, 중소기업 인식개선 교육 및 취업 컨설팅 등을 통해 중소기업 취업 희망 구직자 발굴 후 우수 중소기업에 상시 취업 연계 전문 상담사를 활용한 취업상담 및 매칭 지원 프로그램이다.

② 대, 중소기업 상생일자리 프로그램

인력 당 2주 이상(최대 2개월) 협력 기업 취업 교육 제공, 대기업 공통의 교육 수요 파악 후 교육 과정 개발 및 운영(교육 전) 청년 구직자와 협력사 인사 담당자 간 사전 매칭 실시(교육 중) 사전 매칭기업 현장 방문 등을 통해 취업 의사확인 및 재매칭 교육 종료 후 협력 중소기업에 취업 매칭 프로그램이다.

③ 현장 코칭 숙련 인력 양성

구직자에게 직무 교육을 제공하고, 외부 전문가를 통해 현장 직무에 특화된 1:1 현장 코칭으로 전문 인력 양성 현장코칭 전문가의 현장 방문 맞춤형 코칭(5시간/일, 최대 12회)을 진행한다.

④ 스마트 제조 기업 일자리 패키지

스마트 공장 도입 기업과 경력직 구직자를 매칭, 직무 교육을 통해 제조 전문 인력으로 양성 공급 인력 당 스마트 공장 기초·심화 과정으로 구성되어 있다.

군인이라면 누구나

▼
▲

TMOTransportation Movement Office란 '철도수송지원반'을 뜻하며 이는 병력과 화물 수송, 개인의 후급 지원, 철도 예매를 지원하고 담당하는 부서다. 즉 '지원반 사무실'을 의미하는 단어이며 흔히 'TMO를 신청한다'고 말할 때의 TMO는 '군 전세 객차 제도'를 의미한다. 군 전세 객차 제도란 장병들의 외박, 휴가 시 혹은 격오지 근무와 잦은 이사 등으로 가족과 떨어져 지내는 직업군인들을 위한 복지 제도이며 만약 휴가, 외출, 전역을 실시할 때 집과 부대가 멀리 떨어져 있다면, 기차를 타야 한다면, 철도수송지원반에 방문을 통해 가격 할인 혹은 100퍼센트 후급 지원받을 수 있다. 혜택을 받는 방법은 정말 간단한데 휴가, 외출을 나올 때 휴가증, 외출증을 지참하여 전국 곳곳에 위치한 전철역의 '여행 장병 라운지'에 방문하기만 하면 된다. 그러면 국군수송사령부에서 근무하고 있는 장병들이 잘 안내해 줄 것이다. 여행 장병 라운지는 당연히 휴가 당일 방문하는 곳이기 때문에 만약 예매를 하지 않고 방문했다가 늦거나 표가 매진되기라고 하면 곤란해지니 미리 자신의 사비로 전철표를 예매한 뒤 이를 후급 환불받는 것을 추천한다. 후급환불 받는 조건은 휴가 중 휴가비가 지급되는 '연가'를 제외한 모든 휴가는 100퍼센트 후급 지원을 받을 수 있으며 연가는 금액의 10퍼센트만 할인받을 수 있다.

문화생활 할인

군인이라면 누구나 영화 관람, 스포츠 경기, 에버랜드 등에서 할인 혜택을 받을 수 있다. 영화 할인은 CGV, 메가박스, 롯데시네마에서 동반 3인까지 영화 티켓을 할인받을 수 있다. 할인받는 방법은 나라사랑포털에 들어가 군인할인 인증을 받고 영화 예매를 진행하면 된다. 스포츠 경기 할인은 축구는 K-리그의 경우 본인과 동반 1인까지 무료 관람 혜택을 받을 수 있으며 야구, 농구는 구단마다 혜택이 상이하지만 무료 관람 혹은 할인 혜택을 적용받을 수 있다. 또한 군인인 경우 국방부, 의경/해경인 경우 경찰청/해양경찰청,

사회 복무 요원은 복무기관장, 의무 소방원의 경우에는 소방청에서 발급된 휴가증을 지참하면 에버랜드 정문 우측의 '예매 티켓 교환처'로 가서 휴가증과 본인확인절차 후 에버랜드를 무료로 이용할 수 있다. 또한 N서울타워 전망대 이용료도 50퍼센트 할인을 받을 수 있다.

군대를 이용하라

지금까지 전역 후 장병이라면 누구나 누릴 수 있는 자기 개발, 문화 혜택들에 대해서 알아보았다. 취업 상담관님이 말했듯이 사회 초년생인 장병들은 정보가 부족해서, 몰라서 혜택을 제대로 누리지 못하는 경우가 많다. 많은 장병들이 자신의 군에 있는 시간을 '잃어버린 시간'으로 규정 하고 여러 가지 책임을 돌리지만 사실 좋은 지원 프로그램도 제대로 찾아보지 않고 이렇게 얘기하는 경우가 많다. 스스로 자신의 군 생활을 '의미 없다'고 결론 내릴 때 그 장병은 그 말처럼 군대에 이용당하게 된다. 그러니 반대로 군대를 이용해라 좋은 의미로 간부들을 이용하고 국방부의 예산을 군인이라는 이유로 마음껏 이용해라 군대가 나를 이용한다는 생각이 들면 똑같이 군대를 이용해 먹으면 된다.

IV

전역 후
무엇을 해야 하는가?

전역 전과 후는 나눌 수 없다

▼
▲

병장 1호봉이 되면 걸리는 병

중학교 2학년의 나이가 되면 청소년들이 사춘기 자아 형성 과정에서 겪는 혼란이나 불만과 같은 심리적 상태, 또는 그로 말미암은 반항과 일탈 행위를 경험하는 시기를 말하는 '중2병'. 그처럼 상병 6호봉에서 병장 1호봉으로 진급을 하게 되면 진급자들도 병에 걸린 것처럼 한동안 불안한 심리 상태에서 보내게 된다.

병장이 되면 전역도 얼마 남지 않았는데 도대체 왜 심리 상태가 불안하냐고? 말 그대로 전역이 얼마 남지 않았기 때문이다. 상병에서 병장이 되면 계속되던 진급에 대한 고민이 없어지고 마지막 계급이 되자 진짜로 전역이 가까워졌다는 것이 실감이 나기 시작하게 되는데 이게 생각보다 편하지가 않다. 군대도 전역했겠다, 이제 정말 내 꿈을 항해 노력해야 되는데 내 꿈을 위해 무엇을 해야 할지 확신이 안 들고. 누구는 정확한 진로를 정하지도 못했기 때문에 일병, 상병 때는 실감 나지 않았던 전역 이후가 고민되기 시작하면서 심리 상태가 불안해지는 시기가 찾아온다.

이 시기가 찾아오면 스스로 고민을 하다가 답을 찾지 못하고 연등 시간에 사이버 지식 정보방에서 '세상을 바꾸는 시간 15분', '부동산 투자, 주식 투자', '전역하고 얼마를 벌었다'같은 도움이 될 만한 정보들을 미친 듯이 찾기 시작한다. 또한 후임들에게 '너는 전역하면 뭘 할 생각이니?'같은 질문들을 하면서 도움이 될 만한 정보를 얻으려 하며, 고민이 깊어질수록 어쩌면 군대에서 생활하는 것이 그리 나빠 보이지는 않는다고 생각도 들어 임기제 부사관을 고민하는 시기이기도 하다.

어쩌면 이렇게 고민하는 장병을 옆에서 본다면 한심해 보일 수도 있겠지만 자신의 미래를 준비하는 꽤 건강한 시간이다. 물론 불안한 심리 상태가 될 정도로 고민을 하지 않는 장병들도 있지만 이런 장병들 중에서도 전역 후 무엇을 할지에 대한 계획을 생각하지 않는 장병은 없다. 문제는 이렇게 고민하는 시간에 있는 것이 아니다. 이런 시간 뒤에 내리는 장병들의 결론에 있다. 그렇다면 이런 시간을 거치고 난 후 정말 전역의 가장 근접한 말년 병장들이 내린 결론은 과연 어떨까? 내가 말년 병장들과의 인터뷰를 하면서 알게 된 점은 전역을 코앞에 두고 있던 병장들도 이런 고독한 시간을 통해 의미 있는 결론에 도달한다면 참 좋겠지만 장병들이 내리는 결론은 보통 '어떤 아르바이트를 할 것이다', '복학 때까지 놀 것이다', '공무원 시험을 준비할 것이다', '일단 전역하고 결정할 것이다', '내가 아는 지인 중에 무슨 일을 하는 사람이 있는데 거기서 일을 배울 것이다' 등등 정말 전역 후에 무엇을 하면서 보낼지까지만 고민한다. 이렇게 내려진 결론으로 당장의 마음속에 생긴 답답함을 잊어버릴 수는 있겠지만 전역 후의 상황에서 좋은 미래 계획이라고 하기는 어려울 것이다.

사람이 바뀌지 않았으니 전역을 한다고 삶이 확 바뀌지는 않는다. 때문에 좋은 군 생활과 전역 후 몇 달은 나눌 수 없는 존재다. 생각해보면 대학생들은 자신들을 초·중·고등학생이랑 다르다고 생각하지만 "학교 다닐 때가 좋았지."라고 얘기하고, 전역자들은 "군대가 좋았지."라고 얘기한다. 결국 사람은 바뀌지 않았다는 것이다. 이번 장에서는 전역을 하고 난 후 전역자 대부분이 겪게 되는 현실적인 상황과 어떻게 하면 전역 후 의미 있게 시간을 보낼 수 있을지에 대해 알아보자.

전역하고도 후회하지 않으려면

전역 후 현실적인 모습

"거꾸로 매달아 놓아도 국방부의 시계는 간다."

누가 어디서 처음 썼는지 그 기원조차 잘 모를 만큼, 그런 건 중요하지 않을 만큼 흔하게 쓰이는 말이다. 이 말은 보통 군 생활이 꽤 오래 남은, 군 생활을 꽤 오래 했지만 그래도 꽤 오래 남은 장병들에게 마치 솔로몬 왕자의 "이 또한 그저 지나가리다."와 같이, 안 좋은 시간이 느리게 느껴질지언정 언젠가는 끝난다는 의미로 장병들을 위로하는 말이다. 이 말처럼 어떻게 해서든 정해진 전역의 날은 찾아온다. 하지만 이 말에는 전역에 대한 또 다른 의미가 숨어있다. 장병들에게 '전역'이라고 하면, 특히 입대를 한 지 얼마 되지 않는 장병들은 전역이라는 것을 마치 높은 오르막이 끝나는 것 같은 극적인 날로 생각하곤 한다. 하지만 전역이란 정상 이후에 나오는 내리막길이라기보다는 실제로는 고속도로에서 만나는 하이패스 같이 당연한 듯이 찾아오는 의미 있는 날이다. 그래서 실제로 전역의 날이 다가오면 '와, 드디어 전역했다'보다는 '응? 내가 진짜 전역한 건가?'라는 생각이 더 많이 든다. 결국 전역을 해도 시계는 간다.

일상으로의 복귀

그렇게 복귀한 일상에서 전역자들은 어떤 시간을 보낼까? 복귀한 일상에서 전역자들은 정말 순식간에 복귀한 일상에 적응한다. 이게 어느 정도로 빠르냐 하면 전역자들이 스스로 군대에 있었던 18개월의 시간을 꿈을 꿨다고 생각할 만큼 금방 적응을 한다. 하지만 몸은 금방 적응을 하지만 군대에서 적응해 버린 시간을 보내는 습관은 쉽게 바뀌지 않는다. 그래서 계획과 다르게 마치 휴가를 나온 것처럼 일단 전역을 즐기고자 한다. 전역을 하면 이것도 하고 저것도 해야겠다, 생각하지만 사실 수능 전의 계획과 후의 계획이 달라지는 것처럼 마치 입대 전에 그랬던 것처럼 걱정 없이 실컷 논다. 전역을 했는데 이 정도는 놀아도 된다는 보상심리가 작용한다. 사실 전역자들이 전역 후 일단 노는 데에는 이유가 있다. 앞서 이야기했듯이 자신이 전역을 하고 무엇을 하지에 대해 고민을 하지 않는 장병은 없다.

하지만 '정말 계획만 있다. 계획은 있는데 이게 잘될지는 모르겠다.' 말년 병장과의 인터뷰에서 전역 후 계획을 물어보면 어김없이 덧붙여졌던 말이다. 전역 후 이걸 해야겠다, 저걸 해야겠다, 그래서 전역 후 자신의 계획은 좀 더 생각하고 좀 더 알아보고 실행해도 되니까 일단은 전역을 조금 즐기자라고 생각하며 일단 편한 선택지를 고르면서 전역을 즐긴다. 하지만 이 시간도 한 달이 넘어가지 않는다. 그렇게 전역을 즐기는 시간이 끝나면 어떻게 될까? 지금까지의 생활을 다 갈아엎어 버리고 새로운 삶을 살까?

대다수의 경우 다시 입영 통지서가 나오기 전의 일상으로 돌아간다. 입대 전에 해 왔던 일들을 다시 한다. 입대 전 pc방 아르바이트를 했던 전역자는 다시 pc방 아르바이트를 한다. 입대 전 취직해서 일을 하던 전역자는 다시 복귀해서 일을 한다. 입대 전 체육관에서 운동을 했던 전역자는 다시 운동을 시작한다. 결국 다시 일상으로 복귀한다. 그래서 만약 방황을 하다가 도피성으로 군대를 온 사람들이라면 전역 후 다시 방황을 할 가능성이 높다. 물론 전문가도 아닌 내가 전역 후 남들이 이렇게 보내는 시간들에 대해 무엇이 잘못되었다고 평가할 자격은 없다. 하지만 앞서 얘기했듯이 좋은 군생활과 전역 후 몇 달은 나눌 수 없는 존재이다. 영내 생활을 하면서 후회 없이 살았더라도 전역 후 방황한다면 영내 생활의 노력은 의미 없는 노력이 될 것이다. 전역 후 일상으로의 복귀 어떻게 대비해야 할까?

해결 방안

▼
▲

잘못된 전역 후 계획

"나는 전역 후에 내게 주어진 환경에서 열심히 살 생각이다. 지인의 가게에서 아르바이트를 하며 일을 배우고 이를 통해 사업에 대한 생각을 할 예정이다. 또한 부동산, 주식 공부를 통해 투자에 대해 공부를 할 것이며 독서와 운동을 꾸준히 해 자기 개발을 할 것이다."

"나는 전역 후 한마디로 말하자면 할 거 하면서 놀고 싶다. 전역을 하고 가장 먼저 라식 수술을 하고 복학 할 때까지 조금 놀다가 아르바이트를 하면서 돈을 벌고, 운전면허도 따고 자격증을 취득하기 위해 공부를 할 것이다. 갈 수 있다면 해외여행도 가고 싶다."

전역하고도 후회하지 않으려면

"나는 전역 후 다니던 학교는 자퇴할 생각이다. 나에게 별 도움이 되는 것 같지도 않고 돈만 낭비하는 것 같다. 대신 독서도 하고 투자도 공부하고 아르바이트도 하면서 미래 계획을 만들 것이다."

실제 전역을 앞 둔 장병들이 말해 주었던 본인들의 전역 후 계획이다.

먼저 밝히고 싶은 건, 같이 오래 영내 생활을 했었고 자신의 계획을 솔직하게 말해 주었던 내 선임, 동기, 후임들의 계획을 전혀 비하하고 싶은 생각은 없다는 것이다. 사람이 누구든 간에 전역 후 열심히 살고 싶다는 순수한 열정은 소중한 것이다. 그러니 계획 자체만을 얘기하고 싶다. 위에 계획대로 전역 후 정말 자신이 생각한 계획을 전부 지킬 수 있을까? 돈을 벌면서 투자에 대한 공부도 하고 독서와 운동을 같이 할 수 있을까? 복학 전 까지 만족할 만큼 놀면서, 자격증 공부도 하면서 원하는 곳으로 해외여행을 갈 수 있을까? 또한 만든 계획은 무엇을 위한 계획일까? 생각해 보면 아쉽게도 실현 가능한 계획이라는 생각은 들지 않을 것이다. 전역 후 성공적인 계획을 짜는 법에 대해 알아보자.

하고 싶은 것이 많다

전역 전 장병들이 만들게 되는 계획의 첫 번째 문제는 하고 싶은 것이 너무 많다는 것이다. 생각해보면 간단하지만 꽤 많이 저지르는 실수다. 해 보고 싶은 일이, 얻고 싶은 가치가 너무 많은데, 내가 사는 세상을 조금이라도 더 이해하고 싶은 마음을 포기하지 못하는 것이다. 하루하루는 조금 바쁘게 살겠지만 '난 바쁘게 사는 게 좋아' 생각하며 계획을 복잡하게 만든다. 물론 당연히 지킬 수 없다. 계획은 계속 실패하게 되고 결국 계획은 신경도 쓰지 않게 된다.

팀 페리스의 저서 『타이탄의 도구들』에서는 많은 사람들이 바쁜 건 사실이지만 스스로에게 질문을 던져야 한다고 말한다. '나는 지금 정확히 무슨 일을 하고 있는가?'라고 정신없이 바빠 회의에 늦고, 전화기에 대고 소리 지르지만 정녕 말라리아를 없애거나 화석 연료의 대체 에너지를 개발하고, 아름다운 작품을 만드느라고 바쁜 것인가?

전역 후 일상으로 성공적인 복귀하기 위한 계획을 짜는 첫 번째 법칙은 선택과 집중이다. 전역 후의 계획은 자신이 관심을 가지는 분야를 넓혀 나가는 방향이 아니라 오히려 줄어드는 방향으로 정해져야 한다. 실제로 인사 담당자의 직무를 맡으셨던 간부님과의 면담 내용을 소개하자면 가끔씩 이력서에서 짧은 기간 동안 여러 곳에서 다양한 일을 하거나 이력서에 아무런 내용이 없거나(보통 공무원 시험을 준비하던 경우) 자격증을 다양한 영역에서 취득한 지원자를 보게 되는데 이런 지원자에게 그 이유를 물어보면 십중팔구 '다양한 경험을 쌓기 위해서'라고 답한다고 한다. 하지만 인사 담당관의 입장에서는 전혀 긍정적이지 않다는 것이다. 분명 우리 회사에 입사하더라도 금방 퇴사하리라 생각이 든다는 것이다.

단지 취업뿐만이 아니다. 다양한 경험은 다양하게 나를 공격할 약점이 될 수 있다. 더군다나 이미 군 생활을 하면서 여자 동기들이 주임, 대리로 승진했을 때 같은 나이의 남자들은 사원으로 입사를 해야 하는 것이 현실인데 굳이 목표로 가는 길을 길게 늘려야 할 필요는 없다. 물론 20살 초중반의 나이에 군대에서 여러 사람을 만나 보고 나서 배워보고 싶은 게 많아졌겠지만 자신의 부족한 분야를 공부하기 위해서 최종 목표까지 어중간하게 준비하면 안 된다. 단점을 극복하기 위해서 장점마저 잃어버리면 안 된다. 자신이 추가로 배우고 싶은 분야가 있더라도 우선 자신의 최종 목표를 달성하기 위한 계획을 만든 다음 남는 시간을 할애하여 공부하면 된다. 사실 세상의 성공한 많은 사람들은 세상을 남들보다 잘 이해하고 있어서가 아니라 단일한 목표를 가지고 있었기 때문인 경우가 많다.

방송인 유재석은 다른 방송인들과 다르게 오직 방송만 업으로 삼아 16회의 대상을 수상하였으며 빌 게이츠와 '썬마이크로시스템즈'의 공동 설립자인 빌 조이는 하루의 대부분을 컴퓨터 프로그래밍을 하면서 보냈으며 피겨 국가 대표 김연아 선수도 하루에 일곱 시간씩 꾸준히 피겨스케이팅만을 연습한 것으로 유명하다. 가장 좋은 계획은 밑에 적힌 빈칸에 들어갈 만큼 한 문장으로 정리 되는 문장이다. 그러니 한 번 채워 보길 바란다.

나의 전역 후 목표는 _____이다.

전역 후 일상으로 성공적인 복귀하기 위한 계획을 짜는 첫 번째 법칙은 선택과 집중이다.

단기적인 계획만 세우지 마라

장병들이 전역 후 계획을 세울 때 가장 많이 하는 실수 두 번째는 정말 '전역 후 무엇을 해야 하지'까지만 고민한다는 것이다. 이런 모습을 단적으로 보여 주는 사례로 간부님 중 한 분은 장병이 전역이 얼마 안 남으면 면담을 항상 진행하셨다고 한다. 면담에서 전역 후의 계획을 물어보면 당황하면서 "학교 복학합니다.", "해외여행을 가려 합니다.", "아르바이트 하려고 합니다."라고 대답한다고 한다. 그래서 "복학 후에는?", "어떤 아르바이트를 할 건데?" 등을 물어보면 "좋은 학점 받아서 졸업하려 합니다.", "그냥 자리 남는 데 들어가려 합니다."와 같이 깊은 생각 없음을 드러낸다고 한다.

적어도 전역이라는 확실한 목표와 그 목표가 이뤄지는 확실한 날까지 명시되어 있던 군대에서 나와 아무런 목표도 없는 삶을 사니 당연히 열정을 잃게 되고 하루하루가 '오늘은 뭐 하지?', '오늘은 뭐 먹지?' 같은 고민을 하고 있으면 만사가 지겨워진다. 전역을 하고 보니 군대에 있었던 시간이 다 미화되고 '그래도 군대에 있을 때가 좋았지'혹은 '아, 그때 간부님 말대로 임기제 부사관을 딱 6개월만 해 볼걸, 그럼 내가 돈을 오히려 벌고 있을 텐데' 같은 정말 쓸데없는 후회를 하게 되는 것이다.

그렇다면 전역 후 장기적인 계획을 세우기 위해서는 어떻게 해야 하는가? 전역 후 일상으로 성공적인 복귀하기 위한 계획을 짜는 두 번째 법칙은 10년 후를 생각하는 것이다. 내가 10년 뒤 바라는 모습을 생각해보면 쉽다. 10년 보다 더 갈 필요도 없다. 15년, 20년이 아닌 10년이 딱 적당하다. 10년 뒤를 생각하며 계획을 했을 때 좋은 점은 첫째 구체적인 계획을 세울 수 있다. 단순히 10년 후의 내 모습만 상상하지 말고 10년 후 나는 어디에 살고 있는지, 10년 후 나의 하루 일과는 무엇인지, 10년 후 나의 취미는 무엇일 것 같은지, 10년 후 나는 무엇을 목표로 하고 있을 거라 생각이 드는지, 다방면으로 생각을 해 볼수록 구체적이고 많은 분야에서의 목표가 생길 것이다. 둘째 계획이 쉽게 변하지 않는다. 복학, 아르바이트, 해외여행같이 딱 전역 후 단기적인 계획만 생각하게 되면 전역 후 현실적인 문제들에 의해 충분히 계획이 바뀔 수 있다. 하지만 만약 10년 후를 기준으로 잡고 계획을 세운다면 단기적인 계획들은 바뀔 수 있더라도 10년 후의 계획은 쉽게 변하지 않을 것이다. 10년 후의 계획도 어렵게 생각하지 마라. 첫 번째와 똑같이 아래 빈칸을 채울 수 있으면 그것으로 충분하다.

나는 10년 후 모습은 _____이다.

전역 후 일상으로 성공적인 복귀하기 위한 계획을 짜는 두 번째 법칙은 10년 후를 생각하라는 것이다.

베스트셀러 순위에 오른 경제 분야 책의 제목들만 보아도 투자, 돈, 부자 등에 관련 된 책이 대다수이고 실제로 한국예탁결제원에 따르면 삼성전자 주식의 경우 2020년 말 11만 5,083명이던 20세 미만 주주가 2022년 현재 35만 8,257명으로 세 배 이상 높아졌다. 2018년 말과 비교하면 24배나 높아졌다. 오죽하면 어린이날 선물로 이제는 용돈이 아닌 주식을 선물해 주는 경우가 늘어나고 있으며 아동들을 위한 투자 입문 책들도 많아지고 있다. 과거에 영어를 잘 하는 아이로 만들기 위해 조기부터 영어를 가르치는 영어유치원이 유행한 것처럼 미래에는 어쩌면 조기에 투자를 알려 주는 투자 유치원이 나올지도 모르겠다. 대한민국은 현재 투자, 부자 광풍의 시대다. 그래서 그런지 내 주위에 전역 후 계획이 부동산 투자나 주식 투자 같은 투자를 공부하면서 보내고 싶다고 말하는 동기, 후임들이 많아졌다.

위에서 소개하진 않았지만 내 후임 중 한 명의 전역 후 목표는 인테리어를 배우면서 자금을 마련하고 부동산 투자, 가상화폐 투자, 주식 투자에 대한 공부를 하면서, 투자를 지속하고 최종 목표는 건물주가 되는 것이다. 왜 이런 계획이 나오냐고? 이 친구의 장래희망이 뭐냐고? 이 친구의 장래희망은 '부자'다. 다른 건 모르겠고 그냥 돈을 많이 버는 것이 인생의 목표라는 것이다. 그런데 당장 내 주위만 봐도 이런 생각을 가진 사람들이 점점 늘어나고 있다. 물론 거부가 되고 싶다는 꿈을 꾸는 것은 전혀 잘못된 것이 아니다. 앞에서 나는 전역 후 좋은 계획이란 한마디로 넓지 않으면서 긴 계획이라고 말했는데 부자가 되는 계획은 두 가지를 모두 충족한다. 하지만 전역 후 돈만을 쫓는다는 계획을 장병의 입장에서 하기에는 우려스러운 점이 많다.

우려가 되는 점 세 가지

첫 번째로 우려가 되는 이유는 스스로가 아직 전역을 하지 않고 영내 생활을 하고 있다는 점이다.

이솝 우화에서 여우가 포도나무를 떠나면서 "어차피 저 포도는 신 포도야."라고 얘기하는 매우 유명한 장면에서 알 수 있듯이 사람은 자신이 하지 못하는 일에 안 좋은 의미를 부여하기 마련이다. 반대로 자신이 목표로 하는 일에는 좋은 의미를 부여하는데 전역도 마찬가지다. 아직 전역을 하지 않은 장병들은 자신의 전역 후 인생에 대해 장밋빛의 환상을 가지기 쉽다. 모든지 할 수 있다는 환상에서 전역 후 부자가 되기로 계획한 것이라면 전역 후 계획이 쉽게 바뀔 수도 있다는 점을 기억했으면 좋겠다.

두 번째로 우려가 되는 것은 돈으로의 도피를 하는 경우다. 영내 생활에 어느 정도 만족하는 장병은 있지만 영내 생활에 불만이 없는 장병은 없을 것이다. 자유가 없이 통제된 삶을 살아야 되며, 반복되는 장소와 생활에 부정적인 감정을 느끼지 않는 장병은 없다. 남이 정해 준 시간에 일어나면 아무리 많이 잔다 해도 피곤하고 남이 정해 준 식사를 하면 아무리 먹어도 배고픈 법이다. 내가 우려하는 것은 이런 부정적인 감정들을, 결핍을 극복하는 하나의 방법으로 돈을 택하는 경우이다. 만약 영내 생활의 느끼는 부정적인 생활을 돈이 많으면 완전히 바뀔 수 있다고 생각했기 때문에 전역 후 돈만을 쫓고자 할 수도 있다는 것이다. 만약 내가 전역 후의 계획이 부자가 되는 것이라면 혹시 현재의 여러 결핍 때문에 돈을 목표로 삼는지 생각해 봤으면 좋겠다. 세 번째로 부자가 되는 것에 성공하더라도 생각한 것처럼 행복이 오래가지 않는다는 점이다. '꿈, 희망, 미래'의 스티븐 킴 대표는 본인의 자서전인 『꿈, 희망, 미래』에서 사업의 성공으로 평생 일을 하지 않아도 될 정도의 돈을 벌었지만 아무리 비싼 물건이라도 그냥 구입할 수 있으니 소중하지 않았고, 일을 하지 않고 매일을 살다 보니 불행했다고 밝혔다. 오히려 청소년들을 돕겠다는 목표를 가졌을 때가 훨씬 행복했다고 말했다. 결국 부자가 되는 데에 성공하더라도 나에 대해 잘 알지 못하면 필연적으로 허탈감이 찾아올 것이다. 그리고 그 허탈감을 없애 버리기 위해 힘들게 만든 돈을 남들에게 주면서 나에 대해 배워야 할 때가 올 것이다. 다시 얘기하지만 거부가 되고 싶다는 꿈을 꾸는 것은 전혀 잘못된 것이 아니다. 다만 내가 하고 싶은 이야기는 특히 군대라는 곳은 위에 얘기한 것처럼 '부자'라는 가치를 욕망하기 너무 좋은 곳이다 보니 잘못된 환상에 빠지기 쉽다는 것이다. 만약 내가 원하는 목표가 내 자신의 가치를 조금 더 높이고 가지고 있는 부정적인 감정들을 없애는 것이라면 꼭 부자가 되지 않아도 된다는 점을 생

전역하고도 후회하지 않으려면

각해 봤으면 좋겠다.

전역 후 간부님들이 추천하는 계획

전역 전 구체적인 계획을 만들고 전역 후 계획을 열정적이게 이행하는 것이 가장 이상적이겠지만 많은 장병들의 입대를 결심하게 된 이유 중 하나는 '사회에서 무엇을 할지 몰라서 군대라도 빨리 다녀와야겠다'는 것이다. 앞서 말했 듯이 전역 후 시간은 새로운 방향이 아니라 과거로 다시 돌아간다. 즉 사회에서 방황을 하다가 입대를 하게 되면 전역 후 다시 방황을 하게 될 가능성이 꽤 높다. 그렇기 때문에 전역 후 뾰족한 계획이 없는 경우가 많다. 만약 전역 후 뾰족한 계획이 없다면 전역 후 하면 좋은 활동을 소개하겠다. '해외여행'이다. tvN의 〈어쩌다 어른〉, 〈비밀독서단〉, JTBC의 〈비정상회담〉, 〈말하는 대로〉, MBC의 〈라디오스타〉, 〈마이 리틀 텔레비전〉, KBS의 〈배틀트립〉등에 출연하며 5개국의 언어와 역사, 문화, 예술을 전파하며 〈시크;하다〉, 〈공부기술〉, 〈리얼:하다〉 등을 집필한 조승연 작가는 외국에서 공부했을 때의 경험과 지식, 취미 등으로 강연을 하며 140만 명의 구독자를 가진 채널을 운영한다.

만약 미래에 창업이나 개인사업을 할 생각이라면 해외여행에서 경험 할 수 있는 문화의 차이와 사업에 대한 생각을 할 수 있는 정말 좋은 기회다. 또한 만약 해외여행을 통해 사업이나 미래를 생각하지 않는다고 해도 매일 반복되는 집에서 벗어나 좋은 추억을 쌓을 수 있는 기회이기도 하다. 여기서 주의해야 할 점은 국내 여행이나 가까운 일본, 중국 여행이 아니라 미래에 직장 생활을 하게 되면 절대로 가지 못할 곳을 가야한다. 9박 10일 이상의 혼자 여행 하는 것을 추천한다. 전역 후 복학 할 때까지의 붕 뜨는 시간을 이용하는 것이다.

V

병영 생활에 대해

계급별 병영 생활에 대한 이야기

▾
▴

계급에 따른 차이

내 동기 중 한 명은 운전병이며, 경상남도에 거주하고, 자동차를 좋아하며, 미래에 대한 책을 읽고 토론하는 것을 즐긴다. 내 다른 동기는 경기도에 살며 축구와 게임을 좋아해서 주말마다 풋살을 하러 나간다. 그리고 이런 모습은 같이 자대 생활을 하면서 전역할 때까지 달라지지 않았다.

군에 입대한다고 해서 사람이 확 바뀌지는 않는다. 하지만 내 동기들의 이등병과 일등병, 상등병, 병장으로 계급이 바뀌면서 보여준 행동들과 말하는 내용, 태도들은 분명히 많이 변했다. 내 선임들도 이런 변화는 마찬가지였다. 군에 입대하면서 1년 6개월을 보지 못했던 친구들도 다시 만났을 때만 어색했을 뿐 어제 만났던 것처럼 똑같았다. 오히려 바뀌지 않는다. 하지만 상황에 적응해 가면서 고민이나 규정에 대한 생각, 태도들은 조금씩 바뀐다. 이런 모습을 계급에 따른 고민으로 예를 들자면 이등병들이 가장 많이 고민하는 것은 앞서 밝혔듯이 부대의 분위기와 규정에 대한 적응이다. 낯선 분위기에서 모두가 자신을 예의주시하고 있다는 느낌을 받는데 어른이 아닌 자기 또래의 윗사람을 상대하는 입장에서, 실수하지 않고 선임들과 친해지기 위해 많은 스트레스를 받는다. 적응에 대한 정신적인 스트레스는 생각보다 큰데, 혼자 자대에 오면 주변에 동기가 아무도 없기 때문에 외롭고 동기가 있으면 동기에게 비교당할까 봐 스트레스를 받는다.

간부님의 말을 빌리자면 자대에 새로 왔을 때 다섯 명 중 한 명은 부대에 적응에 대한 문제로 상담을 요청할 정도로 이등병에게 적응은 꽤 진지한 문제이다. 일등병들이 가장 많이 하는 고민은 휴가, 병 기본 등 포상에 대해서 많이 고민한다. 동기들에 비해 진급 누락을 당하지 않기 위해서 휴가를 많이 모으기 위해서 주변에서 좋은 이미지를 만들기 위해서 이런 고민을 가장 많이 하게 된다. 상등병이 되었을 때의 가장 많이 하게 되는 고민은 매너리즘과 후임들에 대한 관리다. 병장들이 가장 많이 하게 되는 고민은 전역 이후의 진로와 자기 개발이다. 생각해 보면 그렇게 긴 시간이 아니다. 고작 몇 개월이다. 하지만 고작 몇 개월이 생각을 바꿔 버린다. 여기서 문제는 이런 입장 차이로 인해 정말 쉽게 갈등이 생긴다. 사실 이런 갈등의 대부분은 서로의 의견을 들어보면 단순한 입장 차이이며 오해다. 장병들의 의견도 이렇게 차이가 나는데 간부와 장병들은 오죽할까? 지금까지는 개인 정비 시간을 어떻게 보내야 할지 입대 전 무엇을 해야 할지 전역 후에 무엇을 해야 할지 등 병영 생활 외의 시간에 대해 알아보았다.

하지만 영내 생활을 하면서 가장 많은 시간을 보내는 것은 역시 전우들과 함께하는, 간부들과 함께 하는 일과 시간이다. 그렇기 때문에 인간관계에서 문제가 생기면 정말 힘들며 자기 개발과 다르게 인간관계로 인한 문제는 실질적인 피해를 받을 수 있고 절대 돌이킬 수 없다.

과거 수사관 임무를 수행하셨던 간부님이 알려 주신 사례인데, 두 명의 장병이 수사를 받으러 왔는데 둘은 같은 임무를 맡은 사수와 부사수 사이였다. 둘은 모두 군에 입대한지 꽤 시간이 지났었고 둘이 오랜 시간 같이 근무하면서 많이 친했었다고 했다. 하지만 사소한 갈등 하나로 부사수가 사수의 잘못된 행동들을 마음의 편지에 적으면서, 사수도 그에 대한 복수로 부사수의 행동들을 적으면서 서로 안 좋은 상황에 처하게 된 것이다. 인성에 문제가 없고 사

전역하고도 후회하지 않으려면

회에서 전혀 인간관계에 문제가 없던 사람이라고 해도 잘못된 오해와 입장 차이로 인해서 충분히 안 좋은 선택을 할 수 있다. 이번 장에서는 장병과 장병 그리고 장병과 간부사이에서 발생하는 입장 차이들과 그로 인한 병영 갈등들에 대해서 알아보면서 후회하지 않을 병영 생활에 대해 알아보도록 하자.

장병과 장병

⋮

이등병

적응의 중요성

지금까지 계속해서 이등병들이 적응 때문에 힘들어한다는 걸 이야기했다. 그렇다면 이등병에게 있어서 적응을 잘 하는 것은 왜 중요할까? 첫 번째로 좋은 이미지 때문이다. 사회심리학 용어 중에는 '인그룹, 아웃그룹'이라는 용어가 있다. 간단하게 '내 편, 네 편'이다. 문명이 형성되기 이전에는 자신의 편을 구분하는 일이 생존에 필수적이었기 때문에 진화 되었던 인간의 사회, 심리학적인 능력이다. 우리는 인 그룹에게는 신뢰를 아웃그룹에게는 의심을 보낸다. 자대에 처음 도착했을 때 이등병은 '아웃그룹'이다. 새로운 사람이 부대에 왔기 때문에 아무리 사회생활을 오래한 사람이라도 인간이라면 누구나 경계심을 가진다. 스스로 이상한 존재가 아니고 믿을 만한 사람이라는 것을 보여주면서 남들의 경계심을 없애고 '인그룹'으로 바뀌는 과정이 개인적으로 자대에서의 적응이라고 생각한다. 이등병들이 보여주는 실수들의 크기는 입소문의 중심이 되어 신뢰도를 팍팍 떨어뜨리고 '친해지고 싶지 않은 존재'로 만든다. 중요한건 이렇게 형성된 이미지가 정말 전역 때까지 쭉 이어진다. 주위 장병들은 물론 간부들도 사람이다 보니 장병들이 보여 주는 이미지에 영향을 받는다. 그래서 좋은 기회가 있으면, 모범용사를 뽑을 때, 포상의 기회가 생기면 좋은 이미지가 있는 장병들에게 먼저 돌아갈 확률이 높다. 한 번 좋은 이미지가 생기면 사람이다 보니 간부 장병 할 것 없이 실수를 해도 나쁜 이미지를 가진 장병보다 너그럽게 넘어가 주는 경우도 있다.

문제는 이런 이미지가 대부분 처음의 2주에서 한 달 정도의 이등병 기간 때 결정된다는 점이다. 또한 군 생활의 큰 장점 중 하나는 또래의 사람들과 계속 하루를 함께하며 남들과 함께 지내는 사회생활을 배울 수 있다는 점인데 안 좋은 이미지가 생기면 전역 때까지 부대 내에서 사람들을 친해지기 어려워진다. 두 번째로 적응이 중요한 이유는 부대라는 작은 사회에 적응하기 위해서다. 이게 무슨 말이냐 하면 대부분의 부대는 비슷한 규범이 존재하지만 조금씩은 다르다. 장병끼리의 인사법이 다르고 금지 항목이 다른데 이런 문화들을 실수해도 상처받지 않고 배울 수 있는 시간이 이등병 기간 때밖에 없기 때문이다. 이등병 때 제대로 알지 못하면 나중에 혼나면서 배워야 한다. 이런 일이 반복되면 주위에 신뢰를 잃는다. 이등병의 입장에서 처음의 이미지가 전역 때까지의 생활을 결정한다는 것은 잔인하게 들릴 수도 있겠지만 반대로 생각해 보면 처음에 조금만 더 잘하면 나머지는 편하게 보낼 수 있다는 얘기다.

만약 독자가 예비 장병이나 이등병이라서 불안하다면 누구나 할 수 있지만 그 효과는 굉장해서 든든한 이등병 생활을 하게 만들어 줄 방법을 하나 알려 주겠다. 목소리 크게 하고 잘 웃는 것이다. 이게 무슨 힘 빠지는 소린가 할 수 있겠지만 군대에서 목소리가 큰 것은 나쁠 것이 없다. 여기서 목소리가 큰 것이란 남들 귀 아프게 목소리를 지르라는 얘기가 아니다. 목소리에 힘을 주라는 것이다. 목소리에 힘을 주면 작은 비용으로 쉽게 이미지가 달라진다. 또한 잘 웃어라 누군가의 웃는 얼굴을 보면 그걸 보고 있는 사람의 기분도 좋아지는 것처럼 웃음 하나로 좋은 이미지를 만들 수 있으며 부정적인 일에서 좋은 의미로 능글맞게 상황에 대처할 수 있기 때문이다(그렇다고 혼날 때도 웃으면 안 된다). 다행인 점은 선임들은 한 번 보고 안 볼 사이가 아니라 생활하면서 계속 볼 사이이기 때문에

전역하고도 후회하지 않으려면

절대로 외모가 이미지에 큰 영향을 미치지 않는다는 것이다. 그래서 처음 자대에 도착했을 때 '저 사람들은 날 별로 안 좋아하는 것 같아'라고 생각하지 말고 '하라는 대로만 하면 절대 혼나지 않는다'고 생각하면서 간부들의 말을 잘 듣고 선임들의 말을 잘 들으며 독자들 모두 이등병 기간에 잘 적응했으면 좋겠다.

일등병

기억에 남는 시기

인터뷰를 시작하기 전에는 군 생활 중에 가장 힘든 시기라고 하면 당연히 이등병 시기에 적응을 해 나갈 때 혹은 이등병 시기에 실수를 했을 때라고 생각하고 있었다. 하지만 많은 장병들이 이등병일 때보다 일병 1~2호봉을 가장 힘들었던 시기로 뽑는다. 왜냐하면 이등병 때는 많은 부대에서 시행하는 신병 보호 기간이 있고 이 당시에 실수를 하게 되면 보통 처음이니까 그러려니 하며 넘어간다. 하지만 일병이 되고 부터는 달라진다. 더 이상 보호받아야 할 존재가 아닌 잘해야 하는 존재가 된다. 그래서 실수를 하게 되면 안 좋은 소리를 들을 수밖에 없는 시기다.

하지만 100퍼센트 본인의 실수로 잘못을 했다면 괜찮겠지만 상황상 어쩔 수 없는 일이었음에도 결과적으로 본인이 잘못한 게 된다거나 생활관 전체의 잘못인데 본인의 잘못인 것처럼 느껴야할 때 정말 억울해진다. 하지만 안타깝게도 어쩔 수 없이 안 좋은 이야기를 들을 수 밖에 없는 시기가 일병 1~2호봉이다. 그래서 자신이 겪었던 가장 안 좋은 사례를 얘기할 때 가장 많이 등장하는 시기가 이 시기다. 본인이 없었던 자리였는데 목소리가 작았다는 이유로 혼이 나거나 불침번을 서면서 선임을 깨웠는데 늦게 일어나도 내 잘못이고 빨리 일어나도 내 잘못인 경우가 생긴다.

하지만 이런 일은 군대이기 때문에 벌어지는 일이 아닌 어디서나 그렇듯이 입장 차이에 의해서 벌어지는 일이다. 억울하겠지만 정말 누구나 겪는 시간이다. 그러니 어떻게든 억울함을 풀고 싶어서 다양한 방법을 써 봐도 결국 본인에게 안 좋은 영향을 끼치게 된다. 부대라는 작은 사회에서 좋던 싫던 어차피 끝까지 볼 사람들인데 굳이 적을 만들 필요는 없다. 시간이 지나면 저절로 오해가 풀어질 테니 누구나 겪는 시간이라는 것을 기억하면서 너무 심각하게 고민하지 말았으면 좋겠다.

조금은 역할놀이가 필요하다

부대마다 신병을 맞이해 주는 분위기는 다 다르다, 차가운 분위

전역하고도 후회하지 않으려면

기에서 긴장감을 가지고 있는 분위기일 수도 있고 따뜻하게 맞이해 주는 분위기일 수도 있다. 하지만 아무리 서로 친구 같고 따뜻한 분위기라도 어느 정도 시간까지는 그런 분위기에 일원이 되려고 하지 않았으면 좋겠다. 생각보다 많은 일병들이 저지르는, 자신의 평판을 깎아 먹는 행동 중 하나는 분위기에 빨리 동요되고 싶다고 생각하는 것이다. 특히 생활관 내의 장병들이 서로 장난도 치는 친구 같은 분위기라면 더더욱 그렇다. 그래서 다른 장병들이 하는 것처럼 똑같이 장난을 치려고 하고 스스로의 매력을 보여주려고 하는데 전혀 도움이 되지 않는다. 자신이 아무리 사람을 좋아하는 성격이어서 장난을 치고 싶고 재미있는 유머로 선임들과 빨리 친해지고 싶겠지만 교복에 가장 잘 어울리는 머리는 단정한 검정머리인 것처럼 역할놀이를 한다고 생각하고 조금 무겁고 어려워하는 모습을 보여주는 게 결과적으로는 선임들과 더 빨리 친해질 수 있을 것이다. 그래서 이 점은 밖에서 사회생활을 하다 오는 장병들이 사회생활을 하다 오지 않은 장병보다 오히려 더 많이 실수하는 부분이다. 선임들이 앞에서는 좋게 장난을 받아주더라도 뒤에서는 안 좋게 생각할 것이다. 그러니 이 시기에는 조금은 어려워하고 무거운 모습이 필요하다. 그렇다고 너무 오랜 시간 무거운 모습을 보이면 친해지기 어려워진다. 그러니 일병 3~4호봉 시기가 되면 조금씩 친해지기 위해 본래 성격을 보여주어도 된다.

일병이 끝날 무렵 사춘기가 온다

'일말 상초'라는 말은 일병 끝에서 상병 초반에 사회에 두고 온 교제 중인 연인과 헤어질 위기에 처할 가능성이 높다는 의미로 알려진 말이지만, 군인들 사이에서는 일병의 막바지에서 상병으로 넘어갈 때쯤 장병의 태도가 거만해짐을 의미하는 말이기도 하다. 과거에 인터뷰 중에 처음 들었던 말인데 지금은 확실한 진리라고 생각하는 말이 있다.

"장병의 상병 병장계급일 때의 모습이 진짜 모습이다."

군에 입대하고 시간이 조금 흘러서 생활이 익숙해지고 시작했을 때부터 진짜 자신의 성격이 나온다는 것이다. 그런 의미에서 상병으로 넘어가는 일병 말 즉 일병 5~6호봉은 자신의 진짜 성격과 거짓된 성격이 공존하는 질풍노도의 시기를 경험하게 된다. 일병 5~6호봉이 되면 자신이 꽤 오랜 시간 군에 있었다는 생각이 드는데 이런 생각으로 말미암아 행동이 거만해지기 시작한다. 그래서 귀찮은 일들을 후임에게 시키거나 선임들의 안 좋은 모습을 따라 하기 시작하는데 본인은 지금까지 노력한 자신이 보상을 받는다고 생각하기 때문에 전혀 문제없다고 생각할 수 있지만 간부나 주

전역하고도 후회하지 않으려면

변 장병들이나 주위에 시선으로는 거만해지기 시작해서 진짜 성격이 드러났다고 밖에 보이지 않는다. 그렇게 되면 지금까지 잘 쌓아왔던 이미지가 한꺼번에 무너진다. 이렇게 미운털이 박히게 되면 사소한 것으로 통제를 하고 괜히 귀찮은 일을 더 시키고 하면서 서로 정말 사소한 것 때문에 맘이 상하게 된다. 서로 입장을 아예 모르기 때문에 통제하는 입장에서는 거만해하지 말라는 마음에 눈치를 주는 마음이지만 통제를 받는 입장에서는 그냥 짜증이 나기 때문에 서로 안 좋은 감정이 생기기 시작한다. 결국 병영 갈등의 시작이다. 그러니 자신이 거만해지기 시작했다면 한 번 더 주위에 반응을 생각했으면 좋겠다.

상등병

후임병에게 받는 스트레스

2015년, 큰 프로젝트를 연달아 성공시키면서 국무총리상을 받았으며 『일 잘하는 사람은 단순하게 말합니다』의 저자인 박소연 작가는 본인의 저서에서, 기업 강연에서 자주 받는 질문에 대해 이야기하면서 "나는 어느 쪽과의 커뮤니케이션이 더 어렵냐는 질문에 가는 곳마다 부서 직원(후배)과의 커뮤니케이션이 더 어렵다고 답한다."라고 말했다.

즉, 후임병들이 선임병들에게 스트레스를 받지만 선임병들도 후임병들 때문에 많은 스트레스를 받는다는 것이다. 문제는 서로가 생각하는 방식이 다르다는 것이다. 선임병의 입장은 자기는 그렇지 않았는데—몇 개월 차이지만 실제로 이렇게 생각한다—후임병이 너무 이기적으로 행동한다고 생각한다. 반면 후임병의 입장은, 열 개 중 한두 개만 실수했을 뿐인데, 자기 생각에는 정말 사소한 일일 뿐인데도 예민하게 반응한다고 생각한다. 결국 선임병과 후임병의 병영 갈등도 다시 입장 차이를 문제로 발생한다. 서로가 서로를 이해할 수 있다면 좋겠지만 그렇지 않기 때문에 서로 감정이 상한 상태에서 선임병이 후임병을 혼내면 이렇게 생긴 안 좋은 감정은 선임병이 전역할 때까지 후임병에게 남는다. 선임병들과 후임병 사이에서 일어나는 대표적인 입장 차이로 인한 갈등은 선임병의 기대, 과잉반응, 후임병의 무시 등이 있다.

다 똑같이 생각하지는 않는다

좋은 말로 하면 열정적인, 나쁘게 말하면 욕심이 많은 선임병이 주특기든 특급 전사 등 앞으로 있을 다양한 평가든 주위의 평판 면에서든, 조금이라도 더 잘하고 싶어 할 때 후임병들에게 바라는 게 많아진다. 선임병의 기대란, 그렇게 후임병들에게까지 영향을 끼치고 스트레스를 주게 된다.

특히 군 생활 중 전투력을 향상시키기 위해서든 부대의 단결을 위해서든 경쟁에 참가하게 될 수도 있다. 하지만 장병의 입장에서 대회 참가 여부를 선택하는 것이 쉬운 일이 아니기다. 그렇기 때문에 참가 명단에는 대회에 참가하고 싶은 장병과 그렇지 않은 장병이 공존하게 되는 경우가 많다. 굳이 대회가 아니더라도 그냥 부대의 자부심을 이유로, 군인이라는 이유로 후임병에게 바라는 것이 많은 선임들도 존재한다. 문제는 열정이 많은 선임병은 후임병들도 자신과 똑같이 생각할 것이라고 기대한다는 것이다. 하지만 그렇지 않은 후임병들은 개인 정비 시간이든 주말이든 계속해서 괴롭히는 선임병 때문에 스트레스를 받는다. 선임병도 그냥 쉬고 싶어 하는 후임병에게 짜증을 느끼면서 서로의 감정이 상한다. 이렇게 되면 다시 병영 갈등의 시작이다.

이런 기대가 많은 선임병의 경우에는 선임병이 후임병들을 이해해주는 것이 옳다고 생각한다. 아무리 선임병이 조금 더 노력을 하라고 조금만 더 후임병들이 열정을 가지도록 노력해도 후임병들은 짜증만 더 날 뿐 결과는 달라지지 않는다. 그냥 선임병의 속만 터지는 꼴이 된다. 그러니 선임병은 남들도 나와 같은 생각일 것이라는 생각을 한번 접고 열정과 노력을 강요하지 말았으면 좋겠다. 부대를 위한 일이었더라도 마음의 편지의 대상이 되어 징계를 받으면 열정을 잃는 것은 기본이고, 회복할 수 없는 상처만 받게 된다. 그러니 내 후임의 열정이 내 마음에 들지 않더라도 '나와 다 똑같지는 않다'는 마음을 가졌으면 좋겠다.

부정적인 영향을 끼치는 선임

대한민국의 사망률 원인 3대 질환 중 하나인 암은 정상적인 세포가 돌연변이로 인해 성장과 분열을 담당하는 부분에 문제가 생겨 정상적인 조직 주변의 산소와 양분을 흡수하면서 무제한 증식하게 된다. 암세포는 혈관이나 림프관을 통해 다른 장기로 전이되어 전이된 곳에서 다시 증식을 이어나가 결국에는 생명을 잃게 만드는 병이다. 암세포가 무서운 점은, 암세포 하나가 돌연변이에 의해 전이를 이어 가면서 인간의 정상적인 전체 조직을 전부 악성으로 변질시킨다는 점이다. 그런데 이런 암세포는 생명공학뿐만 아니라 조직행동론에서도 찾아볼 수 있다. 오스트레일리아 뉴사우스웨일스 대학교의 조직행동론을 연구하는 윌 펠프스Will Felps 교수는 다음과 같은 실험을 했다. 닉이라는 학생에게 스타트업의 마케팅 계획을 수립하는 40개의 그룹에 들어가 공격적으로 훼방을 놓거나, 노력을 전혀 기울이지 않는 모습을 보여 주거나, 무기력하고 풀 죽은 모습을 보여 주는 식으로 회의 분위기를 망치게 한 것이다. 그러고는 다른 회의 참가자들의 반응을 살폈다. 닉의 행동은 거의 모든 집단의 성과를 30~40퍼센트 정도 떨어뜨렸다. 처음에는 모두가 활력 넘치게 회의에 참여하지만, 무기력하게 엎드려 있는 닉을 보고 시간이 지나갈수록 나머지 사람들도 의욕을 잃고, 결국에는 닉처럼 책상에 팔을 올리고 엎드리는 모습을 보여 줬다.

이 실험의 결과는 암세포 같은 한 명이 팀 전체의 성과를 떨어뜨릴 수 있다는 것을 보여 준다. 이렇게 나온 실험결과는 군대에서도 마찬가지다. 같은 임무를 받더라도 그냥 실행하는 장병이 있는가 하면, 인상을 쓰며 구시렁거리면서 마지못해 실행에 옮기는 장병이 있다.

마찬가지로 손해를 보는 상황에 생겼을 때 장병들의 반응은 저마다 다르다. 예를 들어 개인 정비 시간에 일을 하게 되었을 때 누군가는 간부들을 무능력하고 장병들을 부려먹는 사람이라고 욕을 하는 반면, 누군가는 어차피 하루밖에 되지 않는다며 빨리 끝내고 빨리 쉬자고 한다. 모두의 생각을 이해하지 못하는 것은 아니지만 이런 태도를 보고 있는 후임병들에게는 엄청난 영향을 끼친다. 후임병들은 마치 암세포에 감염되는 정상 세포처럼 선임병들의 태도에 영향을 받는다. 만약 선임병이 임무를 받고 구시렁댄다면 후임병도 똑같이 구시렁거리게 될 것이다. 정말 암세포 같은 한 선임병 때문에 부대 전체가 의욕을 잃게 된다. 문제는 이렇게 되면 제일 골치가 아픈 것은 선임병들이다. 안 좋은 영향이 그대로 자신에게 돌아오는 것이다. 특히 후임들과 계급 및 호봉이 비슷할수록 이런 영향은 커진다.

반대로 선임병이 긍정적인 태도를 보인다면 후임병들도 선임병의 긍정적인 태도를 따라 하게 된다. 만약 어떤 생활관이 모두 긍정적인 태도를 가지고 있다면 결과적으로 선임병이 그 혜택을 받게 된다. 그러니 만약 상등병이라면, 부대에 모범을 보여야 하는 위치에 있다면 몇 달만 하다 끝낸다고 생각해도 좋으니 긍정적인 영향을 끼치는 존재가 되었으면 좋겠다.

이것만큼은 절대로 하지 마라

앞의 '미디어에서 왜곡된 군대'에서 가혹 행위와 관련된 범죄의 많은 경우가 장난에서 비롯되었다고 말했었다. 즉, 정말 사소한 장난 때문에 군에서 가혹 행위로 연관되어 범죄 수사를 받을 수도 있다는 것이다. 마찬가지로 배식으로 나온 음식을 훔치거나 근무 때 잠을 자거나 돈을 계좌 이체 해 주겠다고 약속하고 이체해 주지 않았다거나, 금지된 행동을 했다는 이유로 징계를 받을 수 있다. 어떻게 보면 운이 나빴다고 할 수 있겠지만 단지 운이 나빴다고 하고 넘어가기에는 그 대가가 크다. 그래서 가끔씩 만약 독자 중 누군가가 친구들을 쿡쿡 찌르거나 간질이기를 하는 것처럼 짓궂은 장난을 치면서 친해지려는 성향을 가졌다면 똑같은 이유로 징계를 받을 수 있다. 마찬가지로 절대 일순간의 재미를 위해서든 혹은 자신의 금전적인 편의를 위해서든 분노에 의해서든 후임들을 괴롭히지 마라. 재미나 편의는 일순간에 끝나지만 그 대가는 크다.

2020년 국방부는 장병들의 인권을 보장하기 위해서, 법을 어긴 군인을 부대 내 감옥에 수감하는 영창 제도를 폐지했다. 하지만 군 재판에 회부된 장병을, 증거 인멸 가능성 등의 이유로 재판 전까지 수감하는 '미결 수용실'은 남아 있다. 실제로 미결 수용실 근무는 현재에도 활발하게 이루어지고 있는데, 그곳의 근무를 담당하는 군사 경찰병들의 말을 들어 보면, 미결 수용자라고 해서 다 절대로 범죄자 같지는 않다는 것이다. 처음 미결 수용실을 들어갈 때는 '폭행을 당하면 어떡하지?', '흉기를 숨기고 있으면 어떡하지?' 이런 고민을 했었지만 실제로 본 미결 수용자들은 죄목과 다르게 평범하게 생겼고, 통제에도 잘 따라 준다는 것이다.

누구라도 자신의 죄가 재판에 회부되어 미결 수용자가 될 수 있다. 그러니 한순간의 재미를 위해, 한순간의 분노 때문에 잘못된 행동을 하지 말았으면 한다. 아직 스무 살의 젊은 나이는 자기 행동의 죄의 무게를 잘 모르는 경우가 많다. 휴가 5일 압수, 군기 교육대같이 경징계라고 생각했던 것들도 실제로 당해 보면 크게 느껴진다는 것을 알게 될 것이다. 하지만 무엇보다 후임병들을 괴롭히면 안 되는 이유는, 영내 생활 중 발생한 사건에 대해서는 그 공소 시효의 제한이 없다는 점 때문이다. 다른 말로 하면 30~40대가 되어서도 영내 생활에서 있었던 일로 충분히 조사를 받게 될 수도 있다는 것이다.

실제로 한 전역자가 30대가 되어서 회사에서 일을 하고 있던 중, 과거 후임병에게 장난으로 했던 일 때문에 관련 전화를 받고 경찰에 조사를 받은 사례가 있었다. 어떻게 잘 전역을 했다고 해도, 어차피 안 볼 사람이라고 생각해도 나중에 벌을 받을 수 있다. 그러니 영내 생활을 하면서 정말 범죄와 관련된 것만큼은 절대로 하지 마라.

군대에서 다치면 손해다

병영 생활을 하면서 생기는 입장 차이로 인한 많은 오해 중 하나는 환자와의 갈등이다. 아프지 않은 장병들은 환자들을 보면서

전역하고도 후회하지 않으려면

그들이 이득을 보고 있다고 생각하기 쉽다. 실제로 군대에서 다치면 무료로 진료도 해 주고, 본인의 휴가를 사용하지 않고도 청원휴가를 나갈 수 있고, 일과에서도 제외되기 때문에 훈련, 점호, 체력 단련, 근무 등에서도 열외될 수 있다. 또한 병원에 입원해서 시간을 보내지만 이게 똑같이 군 생활로 인정이 되기 때문에 전역일에는 차이가 없다. 이렇게 눈에 보이는 것이 많기 때문에 아파 보지 않은 일반 장병들은 군대에서 다치면 이득을 본다고 생각한다.

그래서 만약 신병이나 일병들이 부대에서 다치게 된다면 선임병들의 눈초리를 받는다. 하지만 환자의 입장에서 본다면 전혀 이득이 아니다. 부대의 여건상 병원에 입원할 순 있지만, 여러 가지 이유 때문에 입원했다가 부대로 복귀했다가를 반복해야 한다. 또 일과에서 제외되면 하루 이틀은 좋을 수 있지만 며칠, 몇 주, 길게는 몇 달을 그냥 생활관에서 긴 시간을 보내야 한다.

1951년 캐나다 맥길대학교의 심리학자 도널드 헤브는 대학생들을 대상으로 특이한 실험을 진행했다. 실험에 참가한 대학생들이 해야 할 일은 '아무것도 하지 않는 것'이었다. 즉 실험실에 마련되어 있는 간이침대에 누워 '아무것도 하지 않는 것'이 실험자들이 유일하게 해야 할 일이었다. 누워서 졸리면 잠을 자도 상관없었다. 밥도 주고 정해진 기한이 없었기 때문에 참가자들은 자신이 원하면 얼마든지 중도에 포기할 수 있었고, 포기하지 않은 시간만큼 일당을 받을 수 있었다. 이 말을 들은 대학생들은 너 나 할 것 없이 좋아했다. 하지만 정말 아무런 자극 없이 가만히 앉아 있다 보니 대부분의 학생들이 세 번째 날 실험을 포기했다.

정말 가만히 있는 것은 돈을 마다할 정도로 고통스러운 일이다. 가만히 있는 것도 힘들지만 가장 힘든 것은 따로 있는데 바로 '정신적인 스트레스'다. 한 인원이 빠짐으로써 누군가는 본인 대신 근무를 들어가야 하며 누군가는 일을 더 많이 해야 하기 때문에, 부대에서 다치면 주위의 눈치를 엄청나게 보게 된다. 그래서 사람들이 많이 모여 있기만 해도 정신적으로 스트레스를 받는다. 또한 정말 아무것도 하지 않고 혼자 생활관에 있기 때문에 그로 인한 우울감이 엄청나다. 하루 종일 아무것도 하지 않으니 밤에 잠도 잘 오지 않는다. 하지만 다른 장병들의 눈에는 여전히 아무것도 하지 않으면서 대우는 똑같이 받는 '불로 소득자'로 보인다. 정말 군대에서 다치면 손해밖에 없다. 그러니 환자들을 군대에 와서 이득만 보는 사람이라고 생각하지 않았으면 좋겠다. 물론 환자를 가정해서 이득을 보는 이기적인 장병들이 있다. 하지만 그렇다고 진짜로 아픈 장병들까지 증오할 필요는 없다. 무엇보다 아프지 않고 무탈하게 전역할 수 있기를 바란다.

병장

해 보지 않았기 때문에

SNS를 보다 보면 사람들은 참 비교하는 것을 좋아한다는 생각이 든다. 특히 그런 비교에서 군대라는 곳은 '얼마나 힘들었는지'가 중요한 비교의 대상이다. '과거에는 몇 개월이었는데 요즘은 18개월밖에 안 된다', '나 때는 스마트폰을 쓰지 못했는데', '나 때는 코로나 때문에 면회를 하지 못했는데' 등등. 하지만 그렇다고 해서 현재 혜택을 받고 있는 장병이 절대 힘들지 않은 것이 아니다. 왜냐하면 과거에 장병이나 지금의 장병이나 군대는 처음이기 때문이다. 하지만 이미 경험해 본 입장에서 보면 자기는 더 힘들었는데도 잘했는데 왜 요즘은 힘들어하는지 이해를 하지 못할 수도 있다. 특히 이런 모습은 병장들에게서 많이 보인다. 병장들은 후임들이 왜 힘들어하는지를 도무지 이해하지 못한다. 이런 이유로 후임병들과 갈등이 생기더라도 과거에 본인은 더 힘들게 더 많이 했다고 생각한다. 오히려 본인이 전역하면 부대의 분위기가 망가질 것이라고 생각한다. 간부님과의 인터뷰에서 모든 장병들의 특징 중 하나는 병장으로 진급하고 누구나 '나 때'를 찾으며 앞으로가 걱정이라고 얘기한다는 것이다. 하지만 바뀌는 것 없이 부대는 잘 운영되고, 걱정하던 분위기도 변하지 않는다. 병장들이 후임병들을 이해하지 못하는 것처럼 병장의 생각에서는 당연한 것도, 후임병들에게는 전혀 당연한 것이 아니기 때문에 이해하지 못한다. 그러니 누구에게나 군대는 처음이라는 것을 생각하면서 스스로에게만 당연한 게 아닌지 생각해 봤으면 좋겠다.

이기적인 장병들의 전역 때 모습

지금까지 장병과 장병 사이에서 일어나는 입장 차이로 인한 갈등들에 대해서 이야기했다. 절대 징계를 먹을 만한 사람이 아닌데, 사회에 있었을 때는 인간관계에 대해 전혀 문제가 없었지만, 서로에 대한 이해의 부족으로 했던 순간의 잘못된 선택이 평생을 후회하게 만들 수도 있다. 하지만 지금까지 했던 말이 무색하게도 본인만을 생각하는 이기적인 장병들은 어디에나 있을 수 있다. 마치 어떤 학교를 가도 질이 나쁜 학생들은 있듯이 어떤 부대를 가도 질이 나쁜 장병은 존재한다.

그래도 너무 걱정은 하지 않아도 된다. 그런 장병들과 전혀 싸울 필요 없다. 앞서 소개했듯이 요즘 시기에는 가혹 행위를 당하는 장병이 호소할 수 있는 제도가 잘 마련되어 있고, 그런 장병들은 전역할 때 다 돌려받게 되어 있다. 이기적으로 군 생활을 했던 장병은 전역을 앞두고도 같이 군 생활을 했던 누구에게도 축하를 받지 못한다. 안부 인사는커녕 더 이상 인사도 받지 못한다. 후임병들이 싫은 티를 내기 시작하는 것이다. 전역식에서도 많은 장병들이 같이 사진을 찍으려 하지 않고, 심지어는 지휘관에게 보고한 뒤 전역식에 아예 참석을 하지도 않는 장병이 생긴다. 쓸쓸하게 전역을 맞이해야 한다. 어떤 간부님들에게 물어봐도 이런 장병들이 사회에 나간다고 180도로 태도가 바뀐다는 이야기를 들어 보질 못했다. 군대에서 익숙해진 그대로의 태도를 전역하고도 이어 간다. 다 아무렇지 않은 척하며 전역해서 몰랐지만 전역할 때가 되어 보니 후임병들의, 간부님들의 "전역해서 아쉽다."라는 말 한 마디 한 마디가 헤어지기 아쉬운 당시에 심정에 크게 다가온다. 정말 좁은 대한민국이라는 나라에서 언젠가는 만날 수도 있는 사이인데 마주치면 가만 안 두고 싶고, 도망치고 싶은 사람이 되면 안 되지 않을까?

전역할 때 받는 대우가 진짜 자신의 군 생활의 모습이다. 내 스스로가 어차피 안 볼 사람이라고 남들을 생각한다면 남들도 나를 똑같이 더 이상 안 볼 사람으로 생각한다는 것을 알았으면 좋겠다.

장병과 간부

▼
▲

간부들이 말하는 간부라는 존재

같은 장병들도 입장 차이 때문에 서로 갈등을 겪는데. 장병과 간부 사이에는 입장 차이 때문에 생기는 갈등이 얼마나 많을까? 전역한 장병들에게 간부들에 대한 이야기를 들어보면 마치 독재자처럼 자기 마음대로 하려고 한다는 등 부정적인 이야기가 많을 것이다. 그래서 많은 신병들이 자대에 처음 왔을 때 간부라는 존재를 마치 저승사자라도 되는 것처럼 생각하며, 마주치면 무서워한다.

간부들이 밝힌 간부라는 존재는 어떤 존재일까? 첫 번째로 간부는 장병들을 무사히 전역할 수 있게 도와주는 존재다. 당연한 얘기지만, 간부는 많이들 오해하고 있는 것처럼 장병들의 군 생활을 방해하기 위해 존재하는 것이 아니다. 반대로 도와주고 이끌어 가는 존재다. 부모님의 잔소리가 듣기는 싫지만 나를 위한 말인 것처럼, 간부들도 마찬가지다. 장병들과 좋은 추억을 만들고 싶어 하고 문제가 발생하면 먼저 이해를 하려고 하지, 절대 결과만 생각한다거나 부려먹으려고 한다거나 괴롭히려고 하지는 않는다(물론 어딜 가나 예외는 있다).

두 번째로 간부는 장병들과 같은 목표를 가지고 같은 문제를 고민하는 전우다. 장병들과 간부는 하는 일은 다르지만 결국 동일한 목적을 위해 모인 것이며 훈련도 같이 하고, 평가도 같이 하고, 같은 부대의 일정을 따르는 존재다. 친하지 않은 사람보다 친한 사람과 많이 싸우게 되는 것처럼, 생각해 보면 간부는 군 생활을 하면서 누구보다 오래 가까이 있는 존재다.

세 번째, 간부는 장병들이 써먹어야 하는 존재다. 의미 있는 군 생활을 하기 위해서, 또 군의 혜택을 더 잘 이용하기 위해서는 간부들을 귀찮게 해야 한다. 그래야 하나의 혜택이라도 더 얻어 갈 수 있고 좋은 기회를 만들 수 있다. 가만히 잘하는 장병들은 좋은 평가는 받을 수 있지만 좋은 혜택은 받기 힘들다. 하지만 간부들을 좋은 의미로 괴롭히는 장병들은 뭐 하나라도 더 얻어 갈 수 있다.

네 번째로 간부는 장병들을 통제해야 하는 존재다. 간부들은 장병들을 통제하는 사람이다. 아무리 입대한 지 12개월, 13개월이 지

낮아도, 또 나이가 많아도 장병들은 초임 하사, 소위의 통제에 따라야 한다. 장병과 간부와의 갈등은 이런 통제의 방식에서 나온다. 사람마다 생활의 방식은 다른데 간부가 통제를 하는 입장이다 보니 통제 방식을 이해하지 못하는 장병들이 많은 스트레스를 받는다. 하지만 간부들은 통제만 하는 입장이 아니다. 장병들의 여건도 보장해 줘야 하는 존재다. 만약 어떤 장병이 특이 사항이 발생하여 샤워를 하지 못했다면 샤워 여건을 보장해 줘야 한다. 만약 어떤 장병이 훈련 중, 작업 중 부상을 당했다면 치료여건을 보장해 줘야 한다. 만약 밤에 비가 너무 많이 온다면 우천에 대비해야 한다. 만약 훈련 중 시간이 늦어져서 제 시간에 배식을 받지 못했다면 식사 여건을 보장해 줘야 한다. 하지만 현실이 그렇듯이 어쩔 수 없는 상황도 발생한다. 그렇지만 이런 상황에서도 본인이 책임을 져야하는 것이 간부다.

장병들에게 바라는 점

문제는 장병의 여건을 다른 사람이 보장을 해 줘야 하다 보니 둘 사이에 감정이 쉽게 상할 수 있다는 것이다. 병영 생활을 하면서 군인이라는 신분에 맞게 군기가 있고 말을 잘 듣는 것은 남들이 보기에 훌륭하지만, 서로 감정이 좋지 않다면 병영 생활을 하는 내내 스트레스를 받게 될 것이다. 그렇다면 간부들과 조금이라도 원활한 관계를 가질 수 있는 방법은 없을까? 간부들이 밝힌 많은 장병들이 고쳤으면 하는 특징에 대해서 알아보자.

화장실 좀 갔다 와도 됩니까?

많은 간부들이 뽑은 가장 짜증 나는 질문이다. 훈련 중인 것도 아닌데 수감자도 아니고 도대체 화장실을 가도 되냐는 질문을 왜 하는지 모르겠다는 것이다. 다른 일에서도 마찬가지다. 스스로 생각하고 움직였으면 좋겠는데 임무를 주기 전에는 "들은 게 없습니다.", "전파받은 것이 없습니다."라는 얘기를 하며 먼저 움직이지 않는다. 한 명 한 명을 챙겨 줄 수 없기 때문에 휴가나 진급, 자기 개발 신청 같이 본인이 필요한 것이 있으면 스스로 알아보고 행동했으면 좋겠는데 챙겨 줄 때까지 기다리는 모습이 아쉽다는 것이다. 물론 군대라는 집단에서 장병은 통제를 받아야 하는 존재인 것은 맞지만 그 사이에서도 생각을 멈추지 않기를 바란다. 간부들은 장병들이 정말 '장병'같이만 굴지는 않기를 바란다.

어떻게 하면 되겠습니까?

다음으로 바라는 점은 장병들의 문제를 대하는 태도다. 장병들에게 문제가 발생하면 간부에게 사실대로 보고해야 하는 것은 맞지만 장병들은 정말 '문제'만 가져온다. 이런 문제의 유형 중에서는 "저 어디가 아픕니다.", "저 전투복을 빨았는데 아직 안 말랐습니다. 어떻게 하면 되겠습니까?"와 같은, 내가 들어도 어이없는 질문도 있다. 본인에게 발생한 문제는 우선 본인이 해결하는 게 맞다. 그런데 만약 '이렇게 해도 되나?'라는 생각이 들거나 혼자 해결할 수 없을 때 선임들에게 물어본 뒤, 그래도 해결이 안 되는 유형이라면 간부들에게 찾아가는 것이다. 그리고 문제를 가져갈 때는 반드시 구체적인 현재 상황과 자신이 생각하는 해결책과 함께 가도록 하자. 예를 들어 위와 같이 전투복을 세탁한 상황이면 지금 빨래가 돌아가고 있는 상황인지, 아니면 건조를 시키고 있는 상황인지, 건조는 언제부터 시켜서 얼마나 걸릴 것 같은지 정도는 얘기를 해야 한다. 만약 전투복을 입지 못하는 상황이라면 다른 사람에게 여벌 전투복을 빌리거나 하계 혹은 사계 전투복을 입어도 되는지 같은 해결책을 가져가는 것이다. 그럼 만약 내가 생각한 해결책이 거부당하더라도 간부의 입장에서는 기분이 나쁘지 않다. 또한 만약 신체의 특정 부위가 아프다면 어떻게 하다가 다쳤고 통증은 어느 정도이며 본인이 바라는 조치는 어떤 것인지를 꼭 같이 얘기해라. 예를 들어 아침에 일어났는데 허리가 아픈 상황이라면 "자고 일어났는데 허리가 아픕니다. 그냥 잠을 잘못 자서 근육통이 온 것 같은데 혹시라도 문제가 생기면 말씀드리겠습니다."라고 얘기하는 것이 그냥 "다리가 아픕니다.", "어제부터 허리가 아픕니다."라고 하는 것보다는 몇 배 더 낫다. 간부들은 책임을 져야 하는 입장이고 직업의 특성상 사소한 문제가 발생해도 최악을 생각하는 경향이 있다. 스무 살이 넘은 어른이라면 어른스럽게 문제를 해결하는 장병이 되었으면 좋겠다.

상호 호혜성

다음으로 간부들이 장병들에게 바라는 점은 흥분을 가라앉히고 얘기하는 것이다. 인간의 무의식적인 공동체 규범 중에는 '상호 호혜성'이라는 개념이 있다. 상대방에게 호의를 받으면 그만큼 돌려줘야 한다는 암묵적인 규범인데 이는 반대의 경우에도 동일하다. 즉 누군가가 나를 무시하거나 나에게 기분 나쁜 행동을 한다면 이를 두고두고 되갚고 싶게 만든다는 것이다. 이는 간부들도 마찬가지다. 아무리 간부가 실수를 한 일이라도 장병 중 한 명이 공격적인 태도나 흥분을 하면서 간부를 적으로 생각하는 태도를 보이면, 간부들도 장병들을 적으로 돌리고 싶고 다음에 그 장병이 실수를 하게 되면 똑같이 갚아 주고 싶게 된다는 것이다. 그러니 흥분을 가라앉히고 정중하게 물어보는 것이 앞으로 간부들과의 사이에서도 자신이 원하는 바를 이루기 위해서도 훨씬 도움이 된다.

좋은 군 생활을 위한 관계

지금까지 장병과 장병, 장병과 간부 사이에서 발생하는 입장 차이로 인한 갈등들에 대해서 알아보았다. 하지만 그렇다고 부대에 좋은 간부들만 있는 것은 아니다. 질이 나쁜 장병들이 있는 것처럼 어디에나 질이 나쁜 간부들도 존재한다. 아프다는 것을 의심의 눈으로만 보거나 사람이 아닌 행정, 본인의 수월한 일처리를 우선으로 생각하는 간부들도 실제로 있다. 의견 차이로 인해 몇 가지 스트레스를 받는 일이 있을 수 있겠지만, 어차피 전역하면 안 볼 사이라며 간부들을 적이라고 생각하고 행동하게 되면 군 생활이 정말 힘들어진다. 그러니 간부님들과도 원활한 관계를 이어나가며 축하받으면서 전역했으면 좋겠다.

번외

마지막으로 계속 설명했던 입장 차이에 대한 얘기는 아니지만 모든 군인들의 바람인 휴가에 대한 유용한 팁을 주면서 마무리 짓겠다. 만약 어색한 선임이랑 둘이 남겨지거나 화장실에서 만난다면 무슨 얘기를 하면 좋을까? 휴가 얘기를 하면 된다. 만약 신병이 전입 왔는데 얘기할 소재가 떨어졌다면 무슨 얘기를 하면 좋을까? 휴가 얘기를 하면 된다. 만약 입대한 장병에게 전화가 왔는데 어색하다면 무슨 얘기를 하면 좋을까? 휴가 얘기를 하면 된다. 이렇게 말할 수 있을 정도로, 휴가에 대한 관심이 없는 장병은 없다. 그렇다면 이 휴가 어떻게 보내면 좋을까? 이미 휴가를 다녀온 장병들과 간부님들의 얘기를 들어 보자.

후회 없이 놀아라

휴가에서 무엇보다 중요한 것은 '후회 없이 다녀오는 것'이다. 이것은 첫 휴가에 특히 더 강조되는 얘기다. 가끔씩 휴가를 갔다 온 장병들의 얘기를 들어 보면 주위에서 '왜 이렇게 안절부절을 못 하냐'는 얘기를 들을 때가 있다고 한다. 휴가를 나가서도 다시 부대에 복귀할 생각을 하면서 불안한 상태로 있는 것이다. 제발 부대 복귀를 생각하면서나 의미 있게 보내야 한다는 강박 때문에, 내 스스로가 게으른 사람이 된 것 같다며 불안해하지 마라. 물론 시험 일정에 맞추어 휴가를 나가고, 휴가를 나가서 영내에서는 할 수 없었던 자기 개발을 하는 것도 좋지만 첫 휴가라면 그냥 후회 없이 놀아도 된다. 가장 중요한 것은 휴가에 나가서 무엇을 하든 '후회'만 하지 않으면 된다. 휴가도 지나고 보면 다 추억이 될 건데 다음 휴가를 기대하면서도 전역을 해서 휴가를 추억하면서도 후회 없이 보냈을 때 가장 좋은 추억이 되는 것이다.

잠은 꼭 자라

다음으로 가끔씩 휴가를 나가서 조금이라도 더 시간을 보내고 싶은 마음에 잠을 자지 않는 장병이 있다. 제발 그러지 마라 그러다가 하루 종일 잠을 자게 된다. 몇 시간 아끼려다가 하루를 통제로 낭비하게 된다. 그러니 잠은 꼭 자면서—당연히 부대에서 안전교육은 잘 받았을 것이라고 생각한다—건강하게 놀길 바란다.

가족과 시간을 보내라

다음으로 알려 줄 팁은, 가장 많은 장병들과 간부님들이 추천했던 '가족과 시간을 보내기'다. 특별한 경우가 아니었다면 군에 입대하기 전까지 가족과 몇 달 이상을 떨어져서 보내 본 장병이 많지 않을 것이다. 그래서 어쩌면 가족이라는 존재는 늘 옆에 있는 존재였을 것이다. 하지만 군에 입대하면서 오랜 시간 가족과 떨어져 있다가 휴가를 나가게 되면 잊고 있던 가족의 의미를 찾을 수 있다. 내 선임 중 한 명도 인터뷰에서 휴가 때 가장 기억에 남았던 일이 처음으로 아버지와 같이 술을 먹었을 때라고 얘기했다. 이유는 모르겠지만 그 분위기와 느낌이 참 좋았다고 했다. 그러니 친구들과 편하게 시간을 보내는 것도 좋지만 하루쯤은 가족들과 시간을 보내라.

적당한 휴가 일수

마지막으로 휴가를 나가는 많은 장병들의 고민인 적당한 휴가 일수에 대해 팁을 주도록 하겠다. 휴가를 많이 나가 보지 못한 장병은 휴가를 얼마나 쓰면 좋을지 얼마나 아끼면 좋을지 감을 잘 못 잡는 경우가 많다. 또 갔다 와서 후회하거나 전역이 얼마 안 남았을 때 조금 더 쓸걸 그랬다고 아쉬워하고, 조금 아껴 둘걸 하고 아쉬워한다. 얼마나 휴가를 쓰면 적당히 만족하면서 적당히 아낄 수 있을까?

참고로 내가 군 생활을 했던 2021~2022년은 코로나 19의 상황이 심각했기 때문에 휴가를 길게 쓰는 게 당연했지만 이후 어떻게 통제가 될지 잘 모르기 때문에 5일 이상 휴가를 쓴다는 가정하에 얘기를 하겠다. 피해야 할 휴가는 먼저 5~8일이다. 5~8일은 생각보다 너무 짧게 느껴진다. 휴가를 나가기 전에는 일주일이면 꽤 긴 시간이라고 생각하기 쉽지만, 출발하는 날과 복귀하는 날을 생각하면 7일을 나가도 5~6일 정도만 실질적으로 휴가를 즐길 수 있다. 반대로 12일 이상은 너무 길게 느껴지는 휴가 일수다. 휴가가 너무 길어지면 노는 것도 지치기 시작하고 몸이 적응해서 그 가치가 떨어지기 마련이다. 그러니 짧다고 느끼는 휴가와 길다고 느끼는 휴가의 사이인 9~11일이 가장 적당하다. 7일 휴가를 복귀하는 장병들이 복귀하면서 제일 많이 하는 말은 "아쉽다."인 반면 10일째 휴가를 복귀하는 장병들이 가장 많이 하는 말은 "꽤 길었다."였다. 만약 휴가를 얼마나 써야 좋을지 잘 모르겠다면 가장 적당한 9~11일 휴가를 써라.

전역하고도 후회하지 않으려면

고독감과 생활하기

책을 쓰기로 결심했던 12월부터 책을 완성하기까지, 처음엔 사이버 지식 정보방에서 매일 몇 시간씩 쓰기 시작했던 글들을 이제 본가의 컴퓨터에서 이어 쓰게 되었다.

첫 휴가를 다녀온 뒤 느꼈던 두려움을 극복하기 위해, 정말 전역 후 군대에 있었던 18개월은 아무런 의미를 찾을 수 없는 것인지, 조금이라도 보람되게 보낼 수 없는지를 알아내기 위해 전역 후 후회하지 않을 수 있을지를 알아내기 위해 많은 간부님들에게, 장병들에게 인터뷰 종이를 내밀었다. 갑자기 글을 쓴다고 하는 이상한 놈을 모두 감사하게도 호기심을 가지고 솔직하게 받아 주셨다. 덕분에 군대에 대한 많은 지식들을 얻을 수 있었고 나의 의문도 결론에 도달 할 수 있었다.

인터뷰를 거듭할수록 느껴졌던 것은 정말 부대에 따라서 보직에 따라서 시기에 따라서 각각이 떠올리는 병영 생활에서의 추억과 만족도는 다 다르다는 점이다. 누군가는 시기를 잘 맞춰 입대해서, 여러 혜택을 받아서 만족도가 큰 반면, 누군가는 원하는 보직으로 입대했더라도 원하는 부대로 가지 못해서, 적응을 못 해서 귀신이 쓰인 것처럼 아쉬워한다. 같은 시기에 입대했지만 누군가는 의가사 제대를 하고 누군가는 임기제 부사관이 된다. 각 사단, 군단, 사령부마다 복지 혜택도 다르고, 규정도 다르고, 부대의 분위기도 다르고, 겨울과 여름의 온도도 다르다. 하지만 놀랍게도 장병들의 내면은 대부분 비슷하다. 사례는 다 다르지만 누구나 군대에서 자신이라는 정체성이 다수의 생각에 의해, 부대의 사정에 의해 묵인될 때가 가장 안 좋은 기억으로 남는다. 또한 누구나 자신이 좋은 일을 통해 인정을 받았을 때를 가장 좋은 기억에 남는 사례로 꼽는다.

정말 병영 생활은 고독감과의 생활이라고 생각한다. 시간이 지날수록 간부님들이 좋아하는 열정이 넘치는 장병들도 주위 장병들이 꺼려하는 못된 장병들도 아이같이 장난이 많은 장병들도 내가 글을 쓰기 시작한 이유도 모두 사실 이 고독감을 이겨 내기 위한 몸부림이지 않을까 생각이 든다. 그렇다고 전역하면 이 고독감이

전역하고도 후회하지 않으려면

없어질까? 안타깝게도 그렇지는 않다. 애매한 시기에 전역하면 이미 전역을 한 친구들은 학교 다닌다고, 직장에 다닌다고 바쁘고 전역을 안 한 친구들은 군대에 있어서 바쁘다. 결국 또 혼자 남는다. 하지만 이 고독감을 이겨 내 본 경험과 전역하면 저절로 해결되겠지 생각하며 무시했던 경험의 차이는 완전히 다르다.

나는 개인적으로 군대에서 무엇보다 이 고독감과 건강하게 생활하는 법을 배웠으면 좋겠다. 전역 후 군대에서처럼 생활하고 싶다고 생각하는 장병들은 한 명도 없을 것이다. 무언가 변화를 바라기 때문에 전역을 선택하는 것이다. 하지만 생각보다 크게 변하는 것은 없다. 그렇지만 군대와 똑같다고 느끼는 일상생활에도 군대에서 그랬던 것처럼 익숙하게 보내는 그런 장병이 되었으면 좋겠다.

책을 집필하는 데 도움을 준 김정태 병장, 오희찬 병장, 전이현 병장, 김수민 병장, 박건이 병장, 민동준 병장, 권순석 상병, 허현서 상병, 박주영 상병, 권동현 일병 이외에 수많은 동기, 선임, 후임들 그리고 이름을 밝힐 수 없지만 도움을 주신 간부님들께도 감사합니다.